Levin Schücking

Eine Eisenbahnfahrt von Minden nach Köln

Aus Anlaß des 140jährigen Jubiläums der Köln-Mindener Eisenbahn wird dieses heute sehr gefragte und seinerzeit in nur wenigen Exemplaren gedruckte Buch neu herausgegeben.

Wir sind sicher, daß dieser kulturgeschichtliche ''Reiseführer'', in spannender Fabulierkunst dargeboten, versehen mit einer von Jedermann lesbaren Schrift und einer dem heutigen Sprachgebrauch angeglichenen Orthographie, viele Leser begeistern wird.

Dieses Buch mit historischem Bezug zu unserer Heimat nach Kräften zu fördern, war uns deshalb eine angenehme Verpflichtung, der wir außerordentlich gern nachgekommen sind.

SPARKASSE MINDEN - LÜBBECKE

- heimatverbunden / bürgernah -

Das Buch von Levin Schücking ''Von Minden nach Köln'' erschien 1856 in der Brockhaus Reisebibliothek für Eisenbahnen und Dampfschiffe zum Preis von 10 Silbergroschen im Verlag Brockhaus in Leipzig. Dieser Neudruck erfolgte mit freundlicher Genehmigung des Verlages F.A. Brockhaus GmbH in Mannheim.

Einbandgestaltung: Doris Klimpel, Minden

Gesamtherstellung Helmut Gruber, Minden
Printed in Germany
ISBN 3-925858-03-2

Levin Schücking

Eine Eisenbahnfahrt von Minden nach Köln

Mit einem Nachwort
von
Inge Meidinger-Geise

MAROWSKYS BUCHHANDLUNG
MINDEN AN DER WESER

DR. INGE MEIDINGER-GEISE,
geb. 1923 in Berlin. Vorsitzende der Europäischen Autorenvereinigung Die Kogge e.V. seit 1967, Mitglied des PEN, des VS. Ausgezeichnet mit der Willibald-Pirkheimer-Medaille, dem Kulturpreis der Stadt Erlangen, dem Kogge-Ehrenring der Stadt Minden und vielen weiteren Ehrungen. Veröffentlichung zahlreicher Bücher aus dem literarhistorischen Fachbereich, Prosa, Lyrik, Essays.

UMSCHLAGBILD:
MINDEN. Das ''Kölner Tor'' mit dem vorgelagerten ''Fort C'' in der Festung Minden ist die älteste deutsche Eisenbahnbefestigung, damals von Preußen zum Schutz gegen Hannover errichtet, mit dem Blick auf die Porta Westfalica. Im Vordergrund die Eisenbahn-Drehscheibe des Bahnhofs Minden.

Chromolithographie 1859/60 von Wilhelm Riefstahl (21,7 x 29,9 cm)

1

Minden. — Geschichtliches. — Die Schlacht von 1759. — Lord G. Sackville und sein Whim. — Der Dom. — Georg von Holle. — Die Krüger'sche Gemäldesammlung. — Die Porta Westfalica. — Rehme. — Bad Oeynhausen. — Der tiefste aller artesischen Brunnen. — Herford. — Das Münster. — Die Abtei. — Zerstörte Kunstwerke. — Die Schale des Afrikanerkönigs. — Die Vision.

Den reisenden Leser, den wir uns von Osten, aus Niedersachsen herüberkommend denken, und der sich von uns will erzählen lassen von Land und Leuten ,,hinter den Bergen'', die vor seinen westwärts gerichteten Blicken liegen, empfangen wir vor dem Tore unsres Gebiets — vor der Porta Westfalica. Ihn hat das Dampfroß an die Weser gebracht, gerade der Stelle gegenüber, wo am andern, linken Ufer Minden liegt. Die Eisenbahn zwar läßt sich nicht hinüberlocken in die ,,Stadt, die von Minne ihren Namen hat'', und läuft noch eine Strecke weit am rechten Weserufer hinauf, bis sie bei Rehme sich kühn über den Strom schwingt. Aber Minden ist eine der bedeutendsten Städte, welche wir auf der gemeinsamen Fahrt durch die Gaue der ,,roten Erde'' berühren werden, und unsere Aufgabe beginnt also mit ihr.

Das alte Minden ist um seiner freundlichen Lage an der Weser willen berühmt, die Stadt selbst aber ist keineswegs schön; sie ist enge und winkelig zusammengebaut. Die starken Befestigungen hindern sie an aller Entwickelung zu einem ,,erweiterten Dasein'' und jener Ausdehnung in freundlich helle, mit Gartengebüsch und grüner Natur durchsetzte Vorstadtanlagen, die sich heutzutage um alle größeren Städte bilden, welche nicht das Glück haben, von dem modernen Staatsleben in so bevorzugten Schutz genommen zu sein, wie eine preußische Festung es wird. Minden ist in neuester Zeit mehrmals in Beziehungen genannt, welche darauf hindeuten, daß man solche Bevorzugung hier dankbar durch patriotischen Eifer anerkennt. Das bekannte Organ einer ,,kleinen, aber mächtigen Partei'' hat hier eine Filiale in der ,,Patriotischen Zeitung'', die einen nicht unbedeutenden Aufschwung nehmen soll. Beachtenswert ist dabei freilich, daß die Bestrebungen dieser Richtung, die Westfalen zum Gegenstand ihrer Wirksamkeit erkoren, sich in die einzige Festung, welche das Land besitzt, zu werfen für gut gefunden haben!

Minden ist eine der alten Bistumsstiftungen Karls des Großen, die man an das Jahr 780, besser wohl an 803 knüpft. Der Dom soll gegründet sein an der Stelle eines Schlosses des alten Sachsenherzogs Wittekind — doch spricht für diese Annahme auch nicht ein einziges weiteres Moment als eben die Sage; den Historikern vom Fach scheint im Gegenteil die Sache sehr unwahrscheinlich, und so wäre denn, wie der Kathedrale das altsächsische Fundament, auch der schönen Ballade Platens

Da kaum die Hügel matt erhellte
Der morgenrote lichte Schein,
Wer schleicht sich in die Zelte
Des Frankenlagers ein?

Mit Schritten leise, leise
Wie Späherschritte sind,
Verfolgt er die geheime Reise —
Das ist der Sachse Wittekind!

die Basis oder wenigstens, insofern sie mit dem Königsborn bei Minden in Beziehung gebracht wird, die lokale Anknüpfung entzogen.

Von den alten Bischöfen, denen Karls des Großen Stiftung zur Hut anvertraut wurde, ist nicht viel zu sagen. Sie errangen die landesfürstliche Gewalt nach dem Sturze Heinrichs des Löwen. Hervorragende Charaktere wie die Kirche von Paderborn in Meinwerk, die von Münster in Otto IV., die von Osnabrück in Benno sie besaß, hatte Minden nicht. Die Residenz der Bischöfe war, wie überall, nicht die Landeshauptstadt, sondern das kleine, ein paar Stunden tiefer an der Weser liegende Petershagen.

Der Westfälische Friede gab das Fürstbistum Minden an Kurbrandenburg; am 1. Febr. 1650 nahm der Große Kurfürst selbst die Huldigung der Stände des Landes entgegen. Es war eine höchst wünschenswerte Arrondierung der Territorialbesitzungen, welche Brandenburg bereits in Westfalen aus dem Jülich = Kleve = Bergischen Nachlaß 1609 erworben hatte, des Ravensbergischen, der Grafschaft Mark u.s.w., und umsomehr, als diese wohlhabenden und fruchtbaren Länder sich sehr bald als treue und ergebene Anhänger der neuen Regierung bewiesen; sie lagen wie eine breite protestantische Zone zwischen dem katholischen Süden und dem katholischen Norden Westfalens, und mit um so lebhaftern Sympathien schlossen sie sich an die stärkste Macht ihrer Konfession in Deutschland an.

Als militärischer Punkt wird die Stadt Minden immer eine große Wichtigkeit haben; sie deckt die Straße vom Rhein her nach den Elbgegenden und den niedersächsischen Gebieten, gerade da, wo die Weserscharte jener Straße eine unabweichbare Richtung gegeben hat. Der seit 1816 begonnene Ausbau der Festung wird die Stadt deshalb eine wichtige Rolle spielen lassen in einem Kampfe, in welchem der Westen mit dem deutschen Osten zusammenstoßen sollte. Bereits einmal erfolgte ein solcher blutiger Zusammenstoß unter den Mauern von Minden — es war im Jahre 1759. Herzog Ferdinand von Braunschweig war es, der am 1. Aug. jenes Jahres mit einem Heere von 40.000 Mann verbündeter Truppen: Preußen, Hannoveraner und Engländer, auf dem linken Weserufer von Norden heraufziehend, den französischen Marschall Contades zwischen Minden und Petershagen zu einer mörderischen Schlacht zwang, in welcher die 85.000 Mann starken Franzosen, die Minden dazu noch als Stützpunkt in ihrem Rücken hatten, vollständig geworfen wurden. Die französischen Regimenter wären dem Untergange kaum entgangen, wenn nicht die Treulosigkeit des englischen Generals Lord George Sackville gewesen wäre, der die Reiterei der Verbündeten anführte. Herzog Ferdinand gab ihm drei mal den Befehl vorzugehen und mit seinen Regimentern auf die in Unordnung fliehenden Feinde einzuhauen; aber Mylord, obwohl er den Befehl durch Engländer überbracht erhalten, behauptete ihn aus Unkunde der deutschen Sprache nicht zu verstehen und rührte sich nicht. Lord George mußte später freilich seinen Whim bitter büßen: er wurde dafür durch ein englisches Kriegsgericht kassiert. Der Verlust der Franzosen bestand aus 8000 Mann an diesem Tage, der dem Herzog von Braunschweig so großen Ruhm brachte und zu den glänzendsten des Jahrhunderts gezählt wurde.

Zu den architektonischen Merkwürdigkeiten der Stadt gehört ihre Weserbrücke und die alte Domkirche.

Der Dom ist ein stattliches Gebäude, wenn auch kleiner

als die Kathedralen zu Münster und Paderborn; der altromanische Turmbau ist plump und wirklich großartig schmucklos; er stammt wahrscheinlich aus den Jahren 1062-72; ebenso sind die östlichen Bauteile romanischen Stils, und mitten zwischen sie hinein ist das gotische Langhaus geschoben; dieses bildet eine Hallenkirche, d. h., es hat drei Schiffe von gleicher Höhe, mit hoch und kühn ansteigenden Kreuzgewölben; von besonderer und ganz seltener Schönheit sind jedoch die Konstruktionen der Fenster mit ihrer bewundernswerten Mannigfaltigkeit der Erfindung, die schwerlich irgendwo übertroffen sind. Im Schatze des Doms zeigt man ein Reliquiarium von schöner Ausführung in romanischem Stil und ein beachtenswertes silbernes Kruzifix aus spätgotischer Zeit mit Relieffiguren, die dem 16. Jahrhundert anzugehören scheinen. In der Mitte des Kreuzes prangt ein großer Sardonyx mit dem erhaben geschnittenen Bildnisse eines römischen Kaisers, eine Arbeit von klassischer Schönheit. Der Stein hat vier Zoll im Durchmesser, und ist einst der Gegenstand einer ausführlichen Dissertation geworden. Der gelehrte Ekkard nämlich kam, durch den Vergleich der Gemme mit einem andern ähnlichen, in einem Werke des Claude Francis Menestrier abgebildeten Kopf und gestützt auf die Beschreibung Eginhard's, auf die Idee, daß hier ein genuines Abbild Karls des Großen vorliege, und wie denn bei diesen gelehrten Herren sehr oft eine kleine Idee zu einem großen Buche ausreichte, so schrieb er für die Pariser Akademie die Abhandlung: ,,De imaginibus Caroli Magni'' (Lüneburg 1719,4.). Er ruft entzückt darin aus: ,,Gaudeamus igitur tandem aliquando Caroli Magni juvenis imaginem in gemma apud Mindenses repartam.'' Daß die Karolingische Zeit nirgends anderswo Spuren großer und hervorragender Begabung in der Steinschneidekunst hinterlassen, hat der gelehrte Mann dabei übersehen.

Die zwei andern größeren Kirchen Mindens sind nach dem Muster der Kathedrale erbaut; die Marienkirche enthält ein geschichtlich merkwürdiges Epitaphium, das des streitbaren Ritters Georg von Holle, des westfälischen Sickingen, wie Herr von Ledebur, der bekannte westfälische Geschichtsforscher, ihn nennt. Ritter Georgs kriegerische Tätigkeit fällt in die Mitte des 16. Jahrhunderts und seine Taten, von denen des Epitaphium sagt, daß sie

Complecti hac tabula singula nemo potest,

sollen noch im Munde des Volks in der Gegend von Minden leben. Hauptsächlich knüpfen sich seine Leistungen an seinen Dienst unter König Philipp von Spanien im Kriege wider Frankreich 1557, und im dänischen Heere wider Schweden 1563. Die Familie, welcher der tapfere Condottiere angehörte, hat sich übrigens seit je durch ihre von den benachbarten Zeitgenossen wohl weniger als von den bewundernden Enkeln gepriesene Fehde- und Raublust ausgezeichnet; sie gehört ursprünglich Niedersachsen an, und dort war lange das Sprichwort gang und gäbe:

Halt zum Freunde Münchhausen, Holle und Halle,
So behältst du deine Kuh im Stalle.

Eine Hauptmerkwürdigkeit von Minden war noch vor kurzer Zeit die Gemäldesammlung des dort wohnenden Regierungsrats Krüger. Sie enthielt nämlich die bedeutendsten Ueberreste, welche von den Werken des großen Künstlers gerettet sind, den man den Liesborner Meister nennt und welcher der hervorragendste Ausdruck der westfälischen mittelalterlichen Kunstschule gewesen ist. Die Hauptarbeit des Meisters war ein großes Altarbild in der Abteikirche zu Liesborn, ausgeführt im Jahre 1465; bei der Aufhebung des Klosters 1807 ist dies Bild mit wahrem Vandalismus zerschnitten und verschleudert worden; die einzelnen Stücke kamen endlich zum größten Teil in den Besitz des Herrn Krüger, der sie ihrem ganzen Werte nach zu schätzen wußte und aufs beste restaurieren und reinigen ließ. Die charakteristischen Eigenschaften des Meisters sind großartiger Formensinn und höchste Entwicklung des Idealismus. Ihn den deutschen Fra Angelico da Fiesole zu nennen, darin stimmen die Kunstkritiker sämtlich überein; namentlich haben Schorn, Förster in der „Geschichte der deutschen Kunst" und Lübke in seinem Werk „Die mittelalterliche Kunst in Westfalen" ihm gerecht zu werden gesucht. Auch ist der Einfluß des Liesborner Meisters vielfach in den Bildern westfälischer Maler, die dem Berliner Museum, einzelnen Sammlungen in Münster und Arnsberg oder Kirchen in Westfalen angehören, zu verfolgen. Während durch den Einfluß der beiden van Eyck am Niederrhein der milde Idealismus der altkölnischen Schule in ein realeres Streben überging, das flanderischer Kunstrichtung sich anschloß und mit dieser zugleich immer mehr verflachte, erhielt sich die westfälische Schule die ideale Kunstrichtung, neben dem Fortschritt in Technik und individuellerer Auffassung. Ihr glänzendster Aufschwung aber im Liesborner Meister und einigen Zeitgenossen deutet auf ein unendlich tiefes und zartes Kunstgefühl in dem Volksstamme hin, wo solche Werke entstehen konnten. — Leider ist die Sammlung des Herrn Krüger unlängst verkauft worden und nach England ins Britische Museum gewandert.

Die Köln-Mindener Eisenbahn führt von Minden der Weserscharte zu, wie sie eigentlich heißt, der Porta Westfalica, wie elegantere Redeform sie nennt; wenn diese Bezeichnung: Tor Westfalens richtig sein soll, so hat man die Weserscharte als eine Art Festungstor zu nehmen, welches ja immer zur bessern Verteidigung schief vor den Eingang eines Orts gestellt wird. Sonst wäre die Weserscharte mehr das Tor der niedersächsischen großen Ebene, in welche hier der Fluß hinaustritt, als das Westfalens. Die Gegend hat allerdings einen großen und anmutigen Reiz; zur Rechten erhebt sich mit bewaldetem Hang der Wittekindsberg — auch elegante Redeweise, denn der eigentliche Name ist Wedigenstein oder Margaretenkluse — auf der 834 Fuß betragenden Höhe einen zur bessern Umschau errichteten Turm tragend; links, den Fuß fast bis an die Gewässer des Flusses vorschiebend, liegt der Jakobsberg; den Raum zwischen diesem und dem Flusse füllen die malerisch im Grünen zerstreuten Häuser von Hausberge aus — einst der Sitz des mächtigen Geschlechts der Edlen vom Berge oder Schalkesberge, welche Schutzvögte der mindenschen Kirche waren und am Ende des 14. Jahrhunderts in Bischof Otto von Minden, dem Letzten des Stammes, erloschen. Die edlen Herren oder Vögte vom Berge hatten sich eine vortreffliche Position ausgesucht; sie hatten sich förmlich à cheval auf den Weserpaß gesetzt; der Jakobsberg trug ihre Feste, das „Haus zum Berge", der gegenüberliegende Berg am andern Flußufer ihre feste Burg Wedigenstein. Die Herrschaft fiel nach dem Tode Ottos dem Stift Minden zu.

Die Bahn wendet sich jetzt rechts; jenseits des Flusses erblickt man den südlichen Abhang eines Höhenzugs, den man das Wiehengebirge nennt und der sich nach Nordwesten, nach dem Osnabrückischen hin, in Hügelwellungen verläuft; links dehnt sich ein fruchtbares, fleißig kultiviertes Tal aus, das von der Weser durchströmt wird. Bei Rehme ist der Fluß von der großen Brücke für die Schienenbahn überspannt, und nachdem wir darübergerasselt sind, befinden wir uns auf dem klassischen Boden der „roten Erde".

Das kleine Rehme ist ein ganz unbedeutendes, an der Mündung der Werre in die Weser liegendes Dorf und hat erst in den letzten zehn Jahren einen Namen durch das in steigende Aufnahme kommende Bad Oeynhausen erhalten. Dies Bad ist etwa 20 Minuten von Rehme entfernt, bei der Neusalzwerk genannten königlichen Saline. In der Nähe der selben wurde im Jahre 1829 eine Bohrarbeit auf Salz begonnen, welche jetzt eine Tiefe von beinahe 2500 Fuß erreicht und dabei eine so ergiebige und heilkräftige Solquelle hervorgebracht hat, daß man im Jahre 1845 die Anlage eines Bades begann. Die Geschichte dieser merkwürdigen Bohrarbeit ist für den Geologen sehr interessant. Die Bergmasse, welche die Umgegend von Neusalzwerk bildet, ist ein Flözgebirge, vom Muschelkalk aufwärts bis zum Jura; was hauptsächlich zutage steht, ist der Keuper, der hier eine wenigstens 1000 Fuß mächtige Gebirgsmasse bildet. Das Bohrloch ist 217 Pariser Fuß über dem Nullpunkt des Amsterdamer Pegels angesetzt. Im Jahre 1847 war man bereits in eine Tiefe von 2220 Fuß rheinländisch gekommen, also beinahe 2000 Fuß unter das Niveau des Meeres. Alexander von Humboldt bemerkt deshalb im ,,Kosmos'': ,,Die größte relative (d. h. unter den Meeresspiegel hinabsteigende) Tiefe, welche die Menschen bisher erreicht haben, ist vielleicht das Bohrloch zu Neusalzwerk bei Preußisch-Minden. Der artesische Brunnen von Grenelle bei Paris hat nur 1683 Fuß Tiefe.'' Nur in China soll diese Tiefe übertroffen sein bei den sogenannten Feuerbrunnen, Ho-tsing, welche man abteuft, um sich Wasserstoffgas zu verschaffen, das zum Salzsieden angewandt wird; bei Tseu-lieu-tsing, ,,Ort des Immerfließens'', soll ein solcher Feuerbrunnen, im Jahre 1812 mit dem Seil gebohrt, 3000 Fuß tief sein.

In Neusalzwerk wurden die ersten aufsteigenden Wasser mit 206 Fuß Tiefe erbohrt; die Masse des Wassers stieg dann bis zu einem Abfluß von 60 Kubikfuß in der Minute; die Temperatur der Sole hob sich dabei bis auf 26 Grad Réaumur.

Der Gehalt an festen Bestandteilen in der Sole hat sich in dem Maße, wie man weiter eindrang, bis auf 4 1/2 Prozent vermehrt, und besteht größtenteils aus Kochsalz mit einem bedeutenden Zusatz von salzsaurer Magnesia und schwefelsauren Salzen; dazu kommt ein auffallender Reichtum an Brom. Bei einem Solabfluß von 60 Kubikfuß in der Minute liefert das Bohrloch jährlich 72 1/2 Millionen Pfund Kochsalz. Das Wasser tritt völlig klar zutage, aber eigentümlicherweise besitzt es eine viel stärkere Strahlenbrechung und farbenzerstreuende Kraft als reines Wasser, so daß Gegenstände, welche man hineintaucht, die Umrisse stärker verändern und einen Farbenrand bekommen. Wegen des Reichtums an Kohlensäure brodelt das Wasser wie ein weißer siedender Schaum aus dem Loche hervor.

Die Sole zeigte sich, wie gesagt, sehr bald heilkräftig; die Verwaltung beschloß deshalb im Jahre 1844 die Anlage einer Badeanstalt; mit einem Staatsvorschuß von 5000 Talern wurden die ersten nötigsten Einrichtungen gemacht, und im Juni 1845 konnte man mit drei Badehäusern die erste Saison eröffnen; und da sich bedeutende Wirkung unzweifelhaft herausstellte, die Preise niedrig waren (24 Bäder im Abonnement 7 Taler), so strömten bald Gäste von allen Seiten zusammen. Damit stieg denn auch ein ganz neuer Ort wie aus dem Boden empor: neue Badehäuser, Kursaal, Gewächshaus, Gasthöfe, umher eine große Parkanlage u.s.w., und nur die Spielbank fehlt noch zum ganz fashionabeln Kurort. Auf eine solche darf man sich freilich keine Hoffnungen machen, da die preußischen Gesetze sie nicht dulden. Dagegen ist der Ausbau des großen Badehauses, mit einer bedeckten Wandelbahn daran, gesichert; im Bereiche des Parks werden eine katholische und eine protestantische Kirche errichtet werden; auch vom Bau eines Theaters ist die Rede, sowie von der

Anlage eines großen Dunstbades. An der Saline Neusalzwerk wird eine Anstalt für kalte Solbäder errichtet werden, wodurch das Thermalbad seine nötige Ergänzung erhält. Alle diese Unternehmungen hat der Besuch des Handelsministers von der Heydt im Sommer 1855 in Schwung gebracht. Die Wirksamkeit des Bades ist in einem eminenten Grade erprobt bei allen Formen von Nervenkrankheiten, dann gegen Skrofeln in allen Formen, gegen Rheumatismen, Hautkrankheiten, Arthritiden, Frauenkrankheiten und bei Leiden der Verdauung. Durch vermehrte Ausbildung der Muskeln verändert sich selbst bei Erwachsenen der ganze Habitus des Patienten. Der Geschmack der Sole ist scharf salzig, hinterher herbe eisenhaft.

Die Lage des Bades trägt viel zu seiner Annehmlichkeit und zu seiner Wirksamkeit bei. Die anmutige Verteilung von Bergen und Ebenen gibt ihm den doppelten Reiz einer offenen fruchtbaren Landschaft und einer Gebirgsgegend, während sie zugleich vom wohltätigsten Einfluß auf die klimatische Beschaffenheit ist.

Westfalen ist übrigens nicht allein hier, sondern an vielen andern Stellen überaus reichlich von der gütigen Natur mit Salz versehen. In seinen Salinen und seinen enormen Kohlenlagern hat es Schätze, deren Ausdehnung noch gar nicht zu überschauen ist. Die Salinen liegen von der Weser bei Rehme in südlicher Richtung: Salzuffeln, Salzkotten; dann wendet sich die Linie derselben — Soest, Unna, Werl u.s.w. — ganz westlich dem Rhein zu.

Man hat das neue Bad bei Rehme Bad Oeynhausen, nach dem um das mineralogische Studium so verdienten Berghauptmann von Oeynhausen, genannt. Außer diesem trägt den alten und rühmlichen Namen dieser Familie noch ein Zwillingsbruder, der auf der Grevenburg im Fürstentum Paderborn wohnt — ein ausgezeichneter Übersetzer, wie seine Übertragung der ,,Vita nuova'' des Dante und eine Übersetzung der ,,Perser'' und des ,,Prometheus'' von Aeschylus beweist, in welcher letztern vornehmlich sich eine große Virtuosität in der Beherrschung der Sprache und des Versmaßes zeigt.

Von Rehme weiter bleiben wir in demselben hügelreichen und wohlangebauten Landstriche. Die nächste Station der Eisenbahn ist Löhne, wo sich der Schienenweg nach Osnabrück abzweigt.

Dann erreichen wir Herford, die Stadt mit der alten reichsunmittelbaren Frauenabtei. An solchen Frauenstiftern war Westfalen einst auffallend reicher als an großen Männerprälaturen und -klöstern; vielleicht weil für klerikale Gemüter unter den Männern die zahlreichen Domstifter ausreichten, oder auch weil in einem ohnehin schon wesentlich einsiedlerischen Volke das Bedürfnis, Asyle für anachoretisch-contemplative Männercharaktere zu schaffen, nicht so groß war. Die türmereiche Stadt macht einen sehr freundlichen Eindruck mit ihrer hübschen, von der kleinen Werre durchflossenen wiesenreichen Umgebung, welche außer von dem genannten Flüßchen auch noch von der Aa bewässert wird, die sich hier in die Werre ergießt. Die alte ehemalige Abtei mit ihrem großen Lehnsaal, der einst mit schönen Wandmalereien geschmückt war, liegt im Umkreise des ältesten Stadtteils, nahe bei dem Münster von St.-Pusinna, einem merkwürdigen Gebäude, dessen Größe Urkunde gibt von der Macht und dem Reichtum der alten Stiftung. Das Münster gehört dem Zeitalter des Uebergangs, teilweise einer noch frühern Epoche an und ist im Wesentlichen romanischen Stils. In der Kirche auf dem großen Altar wurden einst die Aebtissinnen inthronisiert; bei dieser feierlichen Gelegenheit öffnete sich dann auch das große, sonst immer verschlossen bleibende Portal der Westseite. Für die Kunstgeschichte von Interesse ist die Ornamentik an den Knäufen der Pfeiler, welche die Gewölbe des Schiffs tragen; diese Verzierungen stellen die abenteuerlichsten, mitunter sehr obszöne Bildwerke und Verschlingungen dar. In der Höhe über der Kanzel befand sich einst auch eine eigentümliche Kuriosität, die, von unten schwer erkennbar, in der Nähe das Bild einer ganz nackten gebärenden Frau darstellte — ob, wie man behauptet, der Muttergottes, der die Münsterkirche ursprünglich gewidmet war, wollen wir unentschieden lassen; die Darstellung ist bei der letzten Renovation des Münsters beseitigt worden. Bei dieser Renovation im Jahre 1818 hat man denn auch die wiederentdeckten alten Freskomalereien neu übertüncht — die Tünche hat überhaupt in den letzten Jahrhunderten wahre Verheerungen in Westfalen angerichtet; in neuester Zeit deckt man in einer Unzahl von alten Kirchen Reste schöner Wandmalereien auf, so in Soest, Methler, Münster u.s.w. Die große Merkwürdigkeit der Herforder Stiftskirche ist aber der Taufstein mit seinen trefflichen Reliefs aus dem 15. Jahrhundert.

Das nahe Abteigebäude dient jetzt zu einer Fabrikanlage. Einst beherbergte es eine Reihe von hochgeborenen Frauen, unter denen Namen von hoher geistiger Auszeichnung sind. Gestiftet um das Jahr 830 von einem frommen Manne, genannt Waltgerus, von dem man weiter nichts weiß als daß er ein Enkel des Geheimschreibers (?) König Wittekinds gewesen, von Ludwig dem Frommen und Ludwig dem Deutschen reich beschenkt, bildete die Mitra von Herford bald ein Ziel des Ehrgeizes für die Töchter der erlauchtesten deutschen Fürstenhäuser. So ist schon 911 Mathildis, die Großmutter jener ausgezeichneten Frau, welche die Gemahlin Kaiser Heinrichs I. war, zu Herford Äbtissin. Die Mutter Ottos des

Großen war ebenfalls lange in Herford. Aus dem vorvorigen Jahrhundert ist besonders der Aebtissin Elisabeth Luise von der Pfalz Erwähnung zu tun, einer der gelehrtesten und geistreichsten Frauen ihrer Zeit, die in öffentlichen Disputationen gegen berühmte Gelehrte in die Schranken trat. Sie war die Tochter des böhmischen Winterkönigs, geboren 1618, und früh schon mit solchem Eifer wissenschaftlichen Studien, insbesondere der Cartesischen Philosophie ergeben, daß sie alle Bewerbungen um ihre Hand, namentlich die des Polenkönigs Wladislaw IV., zurückwies, um sich ihren teuern Büchern nicht entziehen zu müssen. Seit 1667 Aebtissin, starb sie am 11. Febr. 1680 in Herford.

Außerordentlich zu beklagen ist die Vernichtung der Malereien des erwähnten Lehnsaals in der Abtei. Die Aebtissin Elisabeth Luise von der Pfalz hatte sie 1669 erneuern lassen. Es ist noch eine Art notariellen Reverses im Archiv der Abtei vorhanden, worin es heißt, daß die durchlauchtige Frau willens sei, den großen untersten Lehnsaal zu renovieren, und die ,,an der Wandt stehende abgemahlten alte Bilder an Bapsten und Römischen Kaisern, jedoch an ihrer Statur und Farben ohnverrückt, auch an ihren Schriften, Charakteren und abbreviationibus ungeändert, illuminiren und ernewern zu lassen''. Besonders wird dann ein großes Wandgemälde hervorgehoben, Kaiser Karl IV. darstellend, wie er in Herford im Jahre 1377 eine Streitsache der Aebtissin Hildegundis mit dem Herzog Albert von Sachsen-Lauenburg schlichtet: ,,in maaßen dasselbe an der Wandt des Sahls historischer Weise in Figuren abgebildet und die abgesprochene Sentenz von Worten zu Worten zusambt vollständigen historischen Bericht ergangener Geschichten beschrieben sich befindet.'' ,,Damit nun'', heißt es in der Urkunde weiter, ,,Niemandt in die Gedanken gerathen möchte, ob wollten Ihre Hochfürstliche Durchlaucht die von Alters her daselbst angemahlte Schrift u.s.w. als eine kundige fürnehme Antiquität verändern oder supprimiren, sondern daß sie dieselbe dem Kammerschreiber (des Stifts) handtreichen lassen, damit sie nach beschehener Illumination mit der ernewerten Schrift und Abbildungen könnte conferirt, auscultirt und darauf ratione concordantiae ein Instrumentum errichtet und solches in das Abtheiliche Archivum reponirt werden." Aus dem darauffolgenden Verzeichnis sehen wir denn, daß Abbildungen vorhanden waren von Papst Gregor, Kaiser Konrad I., Papst Johann, Papst Nikolaus, dem Stifter Waltger, Kaiser Ludwig, Papst Adrian, Kaiser Arnulf, Papst Alexander; nähere Bezeichnungen dieser Namen mit den zu ihnen gehörenden Zahlen fehlen. Dann waren die Wappen der Äbtissinnen von 1404-1649 da.

Diese ganze Pracht von Schildereien ist heute zerstört, wahrscheinlich durch die Äbtissin Johanna Charlotte, Markgräfin von Brandenburg-Schwedt, welche in der Mitte des vorigen Jahrhunderts große bauliche Veränderungen vornehmen ließ. Die übrigen Gemälde, welche die Gemächer der Abtei schmückten und unter denen bedeutende Kunstleistungen gewesen zu sein scheinen, sind verschleudert und verkommen.

Es ist eine wirklich eigentümliche Erscheinung im Leben beinahe aller europäischen Kulturvölker, die doch sonst in steter Entwicklung vorschritten — dieses allgemeine, mit dem Ende des vorigen Jahrhunderts eintretende Aufhören jeglichen Kunstgefühls und historischen Sinnes, das uns so unendliche Verluste an allen Arten von Kunstschätzen gekostet hat! Und dabei ist es seltsam, daß der Vandalismus gerade erst dann recht zu wüten begann, als der Geist der Gleichgültigkeit, der Verachtung der Kunstbestrebungen der deutschen Vorzeit, welcher sich z.B. so naiv noch in dem Briefe Friedrichs des Großen an den züricher Professor Müller über das Nibelungenlied ausspricht — als dieser Geist in unserer Literatur durch die Anregungen, welche Goethe gegeben, schon längst überwunden war. Dieselbe Zeit, die den „Götz von Berlichingen" hervorbrachte, die den „Fust" von Stromberg und „Otto von Wittelsbach" zu ihren Lieblingsdramen zählte und bei der der Ritterroman eine so große Rolle spielte, bei der schon Shakespeare, seit Wieland, sich einzubürgern begonnen hatte — dieselbe Zeit wütet rücksichtslos gegen die überlieferten Denkmale ihrer nationalen Kunst! — Welche Anomalie!

Unsere Stadt hieß einst Herfordia sacra wegen der großen Anzahl ihrer Kirchen. Beachtenswert ist die Stiftskirche St.-Johann und Dionys, welche die Kleinode enthält, die 1442 mit der Übertragung der Gebeine Wittekinds hierhingekommen sind. Darunter war auch die merkwürdige Schale aus grauem, wie es scheint, Serpentinstein, eingefaßt mit stark vergoldetem Kupferrande, an dem die Worte stehen: „Munere tam claro ditat nos Africa raro." Die Schale soll das Geschenk eines afrikanischen Königs namens Visdai an Wittekind sein; auf der Kapsel stehen die Worte zu lesen: „Visdai de Africa rex." Es ist eine Art sacro catino, eine Schale, von welcher man sicherlich einst glaubte, daß sie Gift nicht vertrüge, und die deshalb auch nach einer andern Sage von Karl dem Großen an Wittekind geschenkt sein soll, damit dieser des Frankenherrschers aufrichtige Gesinnung erkenne. Sie ist 1840 als Huldigungsgeschenk an den König nach Berlin gekommen.

Außerhalb der Stadt auf einer Höhe liegt dann noch die Stiftskirche zu St.-Marien, eines der schönsten Denkmale des gotischen Stils in Westfalen, mit zierlichstem Laubwerk der Säulenkapitelle und trefflichen Glasmalereien. Zehn hochanstrebende Pfeiler tragen das stolzaufsteigende Gewölbe; das Ganze ist eine harmonische, wie aus einem Guß hervorgegangene Schöpfung mittelalterlicher Kunst aus der Zeit ihrer höchsten Blüte. Sie entstand durch ein hier um 1011 gegründetes Frauenstift, dessen Conventualinnen ebenfalls unter der Äbtissin von Herford standen. Die heilige Jungfrau selber, in Gestalt einer Taube erscheinend, sprach das Verlangen aus, hier eine Kirche gegründet zu sehen; der Ast des Baumes, auf welchem das Wunder sich zeigte, ist in dem schönen Tabernakel des Hochaltars der Kirche noch heute zu schauen, ein beschämendes Argument für Alle, welche an der Tatsache Zweifel hegen sollten, und ein jährlicher Markt erhält außerdem das Andenken daran durch seinen Namen — er wird nämlich die „Vision" genannt. Das Stift ist 1810 aufgehoben worden; die herrliche Kirche verlor damit die Quellen zu ihrer Erhaltung, und deshalb beschloß die damalige fremdherrliche Verwaltung kurzweg das Gebäude niederreißen zu lassen. Zum guten Glück setzten sich Pfarrer und Gemeinde dagegen, und es gelang mit Aufopferung der Glocken und eines merkwürdigen großen Leuchters das prachtvolle Bauwerk vor dem Untergange zu retten. Nach der Wiederbesetzung des Landes durch Preußen ward dann auch eine völlige Renovation vorgenommen, und am 18. Juni 1825 ward das fünffache Fest der Wiederherstellung der schönen Kirche, des Jahrestags der Vision, des 500jährigen Jubiläums der Erbauung (1325), des Jahrestags der Schlacht von Waterloo und des 30jährigen Amtsjubiläums des Pfarrherrn in diesem Gotteshause gefeiert!

Die Stadt Herford war ehemals Hanse- und Freie Reichsstadt. Ihre kommerzielle Bedeutung konnte jedoch nicht groß sein, weil sie durch ihre Lage keine weiteren Vorteile hatte, als auf der Straße aus den Niederlanden nach dem deutschen Osten einen Anhaltpunkt zu bilden — die Vorteile Mindens waren ungleich größer, da das letztere gerade an dem Punkte sich an die Weser gestellt hatte, wo ungefähr die Mitte dieses Flusses ist, so daß hier eine natürliche Vermittelung zwischen dem obern und dem untern Stromteil entstand, wozu noch kam, daß jene erwähnte Straße bei Minden die Weser überschritt. Dagegen ist Herford jetzt industriell sehr tätig, namentlich in der Linnenproduktion. Der Herforder ,,Verein für Linnen aus reinem Handgespinnst'' hält der modernen Maschinenarbeit gegenüber die Fahne der alten Art und Weise aufrecht und hat mit seinen Erzeugnissen einen großen Sieg auf der Pariser Ausstellung errungen — die erste Preismedaille, die einzige, welche glattes Leinen aus Westfalen erhielt; dabei wurde in Paris alles verkauft, was der Verein übersandt hatte, ein graues Stück zu dem unerhörten Preise von 700, ein anderes zu 600 Francs. Die Wirksamkeit des Vereins ist von höchster Wichtigkeit für die Beschäftigung der ländlichen Bevölkerung, welche so dicht hier wohnt, daß man (in den Kreisen Herford und Bielefeld) 9000 Einwohner auf der Quadratmeile zählt.

Seit 1647, wo der Kurfürst von Brandenburg Herford einnahm und sich huldigen ließ, gehört die Stadt zu der preußischen Grafschaft Ravensberg und zum Regierungsbezirk Minden.

Und nun sagen wir der vieltürmigen sacra Herfordia Valet und bitten unsere Gefährten, mit uns, wenn auch nur im Geiste, einen Abstecher nach dem nahen Grabe Wittekinds auf dem klassischen Boden westfälischer Sagen zu machen.

2

Enger. — Der Landbau. — Die Hofbesitzer. — Das Grabmal Wittekinds. — Die Wiekingssagen. — Der König als Bettler. — Der Quell zu Bergkirchen. — Der Wettbau zu Enger. — Die alte Stadt. — Die Sattelmeier. — Die wunderbare Buche. — Wiekings Tod. — Des Königs Stiftungen. — Von der Babilonie. — Hengist und Horst.

Enger, wie behauptet wird, die alte Hauptstadt des Landes der Angrivarier oder der Engern, liegt etwa zwei Stunden nordwestlich von Herford entfernt. Die grüne Hügelgegend verflacht sich allmählich, der Boden zeigt emsige Kultur. Zu erkennen ist auch hier, wie die hohen Preise der letzten Jahre überall die Industrie den Bauern aufgestachelt und ihm den Wert von jedem Fußbreit Landes gezeigt haben. So beginnt man z.B. jetzt in Westfalen, den schönen alten Wallhecken den Krieg zu machen, um mehr Raum zu Ackerland zu erhalten. Die Physiognomie und vielleicht auch das Klima des Landes muß sich freilich verändern, wenn man so fortfährt aufzuräumen und die charakteristischen „Kämpe" in große, nicht mehr abgehegte Ackerfelder umzuschaffen. Vor allem trifft man auf bedeutende Spuren des Fortschritts in der Wiesenkultur. Hier haben die letzten Jahre unseren patriarchalischen

Landmann zu der Entdeckung geführt, daß eine Wiese keineswegs ein Stück Landes sei, von dem man Jahr auf Jahr, ohne alle Bezeugung dankbarer Anerkennung für erhaltene Wohltaten, immer nur ernten und wieder ernten könne; man beginnt zu begreifen, daß auch eine Wiese wie alles in der Welt ihre ganz bestimmten Ansprüche mache und Berücksichtigung mit passenden Gegengeschenken verlange. Seitdem sieht man denn auch auf gewöhnlichen Bauergütern Flächen mit der Wasserwaage nivellieren, Rieselwiesen mit Hängebau und Ueberstauungen anlegen u.s.w. Als weitere Fortschritte der Kultur beginnen Maschinen, hauptsächlich Dreschmaschinen ihren taktvoll lärmenden Einzug ins Land zu halten. Die Säemaschine ist dagegen noch eine so ziemlich unbekannte Größe — doch wird auch sie mit ihrem goldenen Regen bald das Herz unserer Oekonomen gewinnen; hat doch die Drainröhre es so weit bereits gebracht, sie wird z.B. in der Grafschaft Mark schon viel angewendet. Und so sehen wir denn auch hier den allgemeinen Lauf der Dinge in voller Entwicklung. Mit allen diesen Verbesserungen, welche der große Grundbesitzer — denn dahin ist der westfälische Bauer zu rechnen: ein Besitzer von z.B. 50 Magdeburger Morgen Land ist kein voller Bauer, sondern ein Kötter — anwenden kann, dringt der Industrialismus in das ein, was ihm früher als Gegensatz gegenübergestellt wurde: in den Ackerbau; der Ackerbau wird auch zur Fabrik mit allen gewöhnlichen Folgen des Industrialismus. Dagegen entwickelt sich aus den alten Hofbesitzern und „Schulzen" ein ganz neuer Stand, ein eigentümliches Gemisch von Bauer und Seigneur. Ihre Töchter spielen Klavier und sind auf die „Musterzeitung" oder die „Frauenzeitung" neben dem „Sonntagsblatt für katholische Christen" abonniert. Die Männer sind Mitglieder landwirtschaftlicher Vereine, in denen sie Reden halten. Der Menschenschlag verleugnet dabei jedoch seine angeerbte Tüchtigkeit nicht, denn es wird äußerst selten vorkommen, daß durch Überhebung oder Verschwendung solch ein Wehrfester im Frack den Hof ruinierte. Die meisten sind im Gegenteil angestrengt fleißig und bleiben aller aus der knappen Väter Zeiten ererbten Sparsamkeit treu. Hörten wir doch bei einer der letzten Assisensitzungen in M. solch einen Vertreter des Landinteresses, der zu den Geschworenen herangezogen war, vom Herrn Präsidenten gar inständig seine Entlassung erbitten, weil er es nicht mehr aushalten könne, alle Morgen vor dem Beginn der Sitzung drei Stunden weit von seinem Hofe in die Stadt zu wandern und dann abends wieder heim; das beigebrachte ärztliche Attest werde ihm bezeugen, daß er über solcher übermenschlichen Anstrengung im Dienste des Accusationsverfahrens den Bluthusten bekommen! — Wie groß der Reichtum solcher Besitzer von Höfen von 4 - 800, ja 1000 magdeburger Morgen Umfang wird, zeigt sich auf einem Schulzengute im Münsterlande, auf welchem die Eigentümerin ihr Kapellchen durch einen Neubau ersetzen läßt, und zwar durch eine hoch anstrebende Kirche im reinsten gotischen Stil, mit einem 150 Fuß hohen Turme, das Ganze nach dem Muster des Altenberger Doms entworfen, mit einem Kostenbetrag, der sich auf 30.000 Taler anschlagen läßt; vielleicht wenn die Paramente, die Glocken, wenn die nötigen Reliquien und Ablässe hinzugerechnet werden, wenn die Einweihungsfeierlichkeiten vorüber, wird die alte Frau sich in ihrem Sterbestündlein sagen können, daß sie zur Ehre Gottes und für ihre Kapelle so etwas wie 70 - 80.000 Gulden hergegeben habe.

Das Ziel unserer Reiseepisode, der auf einer Bodenerhebung in fruchtbarer Gegend liegende offene Ort Enger, zeigt auf den ersten Anblick nichts, was ihn von einem ganz gewöhnlichen westfälischen Dorfe unterschiede; und doch ist es ein Mittelpunkt von Tradition, Sage und gelehrter antiquarischer Forschung. Wie König Arthur auf der stillen cornwallischen Insel Avallon, liegt nämlich der Westfalenheld Wittekind begraben in der stillen Oede des abgelegenen Fleckens Enger. Denn also lauten die Behauptungen sowohl unserer Geschichtschreibung als unserer Sage: 1) Enger ist die Hauptstadt des alten Herzogtums Engern; 2) sie war die Residenz und Burg König Wittekinds; 3) sie ist der Begräbnisort desselben; 4) die Kirche zu Enger ist des großen Sachsenfeldherrn Stiftung.

Untersucht man diese vier Thesen kritisch und diplomatisch etwas genauer, so wird man jedoch leider an Voltaires ,,Saint empire romain, qui n'est ni saint, ni empire, ni romain'' erinnert. Zuerst war das Dorf keine Stadt, wenigstens nicht seitdem man von einem Herzogtum Engern geredet hat, was seit den Karolingern der Fall ist; ja es liegt gar nicht einmal in der mehr südlich sich erstreckenden, die Hochstifter Paderborn und Minden umfassenden Provinz Engern. Was dann die zweite Behauptung betrifft, Enger sei Wittekinds Residenz gewesen, so sagen die alten Quellen, die ,,Vita reginae Mathildis'', der Mönch Wittekind von Corvey und Ditmar von Merseburg weiter nichts, als daß Mathilde, König Heinrichs I. Gemahlin, aus dem Stamme Wittekinds entsprossen sei und Güter in der Gegend von Enger gehabt habe. Daraus folgt denn keineswegs, daß wir uns in diese stille Gegend einen stattlichen Burgbau zu denken haben, worin König Wittekind gehaust hat, thronend auf dem Hochsitz in der Halle seiner Väter, umringt von der Tafelrunde seiner ,,Sattelmeier'' und den klassischen Met aus gewaltigen Urhörnern vertilgend. Es ist nicht einmal nachgewiesen, daß die Kaiserin Mathilde hier residiert habe: man weiß nur, daß Mathilde, Wittekinds Nachkommin, das Kloster und später

Kanonikenstift in Enger errichtet hat und daß sie, nach dem Tode ihres Herrn, mit ihrem Sohne Kaiser Otto I. in Unfrieden geratend, sich nach ihren Stammgütern in Westengern, wahrscheinlich also nach dem nahen Herford, welches noch in Engern liegt und wo ihre Großmutter Äbtissin war, zurückzog; dort war sie ja auch erzogen worden, dort hatte der junge Sachsenfürst Heinrich, der später zum deutschen König gekrönt wurde, um ihre Hand geworben. Wahr dagegen ist allerdings, daß sich eine Burg im Orte befand, deren Entstehung nicht nachzuweisen ist, die lange Zeit im Besitz der Grafen von der Lippe war und deren Zerstörung durch die vereinte Macht der Bischöfe von Münster, Osnabrück und Minden in das Jahr 1302 fällt, wo sie von den Edelherren von der Lippe selber geschleift werden mußte. Wahr ist ferner, daß sich nach einer Urkunde von 1420 ein Wedekindshof in Enger befand. Aber schwer fällt dawider ins Gewicht, daß kein Schriftsteller vor dem 16. Jahrhundert die Behauptung aufgestellt hat, daß in Enger eine Burg Wittekinds gelegen habe.

Daß nun drittens Enger Wittekinds Begräbnisort, scheint vom historischen Standpunkte völlig unerweislich, da kein älterer Schriftsteller des Todesortes oder des Todesjahres des alten Sachsenherzogs erwähnt. Man zeigt in Enger freilich ein Argument, welches geeignet allen Zweifel niederzuschlagen — nämlich Grab und Gebeine Wittekinds. Wären nur die Fragen nach der Echtheit erledigt! Es existiert noch (in einer Kirche in Herford) das Verzeichnis der Reliquien und Kleinode, welche das Chorherrenstift zu Enger bis zum 12. Jahrhundert besaß. Darin ist der Gebeine Wittekinds nirgends Erwähnung getan. In späterer Zeit, als der Reliquienhandel zu blühen begann, tauchten plötzlich sämtliche Knochen Wittekinds auf, ohne daß man weiß, woher sie kamen. Im Jahre 1414 wurde das ganze Stift aus dem vereinsamten und schutzlosen, unbefestigten Enger nach Herford verlegt. Die angeblichen Königsgebeine wurden natürlich mitgenommen, und in Herford wurden sie nun wie die eines Heiligen verehrt. Im Jahre 1673 erbeutete sie hier der kriegerische Bischof Christoph Bernhard von Galen bei seinem Einfall in die Grafschaft Ravensberg; er führte sie mit sich nach Münster, aber im folgenden Jahre sandte er sie aus freien Stücken und umsonst den Herfordern zurück, weil sie in Münster zur öffentlichen Verehrung nicht für heilig genug befunden worden! (Vielleicht weil sie nicht für echt gehalten?) Freilich protestieren auch die Bollandisten gegen die Heilighaltung des Königs Wittekind, obwohl er in der ,,Westphalia sancta, beata et pia'' seine Stelle ausführlich genug einnimmt. In unserem Jahrhundert, am 13. Okt. 1822, wurden endlich feierlich die angeblichen Gebeine Wittekinds nach Enger zurückgebracht; es sind der einzelnen Knochen 24 an der Zahl, die in einem Schrein in der Kirche sorgfältig numeriert aufbewahrt werden.

Was zuletzt die vierte jener oben erwähnten Behauptungen angeht, Wittekind sei der Gründer des Stifts zu Enger, so spricht dagegen entschieden die diplomatisch beglaubigte Geschichte; Kaiser Otto I. sagt nämlich ausdrücklich in einer Urkunde, die in Lünigs ,,Reichsarchiv'' zu finden: ,,Abbatiam, cui nomen est Angerin, quam beatae memoriae domina, genitrix notra Mathilt, in honorem St. Dionysii martyris Christi construxit etc.''

Was diese Kirche, das alte Münster der Chorherren zu Enger betrifft, so gehört Chor nebst Apsis und Kreuzschiff dem spätromanischen Stile an, das Langhaus dagegen ist aus jüngerer Zeit, es ist gotisch und wahrscheinlich im 14. Jahrhundert erbaut. Das Grabdenkmal Wittekinds auf dem Chore ist in der Tat merkwürdig und sehenswert. Das interessanteste

Stück des aus verschiedenen Zeiten stammenden Werks bildet der obere Teil, die aus Sandstein gehauene Gestalt des Sachsenheerführers, eine treffliche, sicherlich in das 12. Jahrhundert hinaufreichende Arbeit. Wittekind liegt in Lebensgröße da; das Gesicht ist länglich und edel geformt, das Kinn glatt, der Mund klein; das Haar über die Schläfe und Ohren niederfallend, die rechte Hand zeigt einen gekrümmten Mittelfinger, ein Gebrechen, das der alte Sachsenfürst in der Tat bei seinen Lebzeiten hatte. Das Ganze war ehemals sorgfältig und sauber in Farbe gesetzt, wovon noch die Spuren sichtbar; aus dieser Zeit stammt die folgende Beschreibung der Abbildung von einem Schriftsteller des 16. Jahrhunderts: „Das lange Haupthaar fällt in das Schwarze; das Haupt bedeckt eine himmelblaue Kappe, die von einem Diadem mit Edelsteinen umschlungen ist; doch ist von den Steinen jetzt nur noch die leere Fassung zu sehen. Das Unterkleid ist purpurrot, über diesem liegt ein scharlachfarbenes, mit Perlen geziertes Kleid mit goldenem Saum, der ebenfalls mit jetzt ausgebrochenen Edelsteinen besetzt gewesen zu sein scheint. Das dritte Oberkleid, der Mantel, ist himmelblau, mit goldenen Sternen geschmückt und mit prächtigem Pelzwerk gefüttert. Die rechte Hand ruht auf der Brust, die linke, im Mantel verborgen, hält das Zepter. Die vergoldeten Schuhe reichen bis an die Knöchel, laufen gegen das Ende spitz zu und haben in der Mitte eine Naht von Perlen."

Man sieht, die alten Chorherren haben an ihrem Könige nichts gespart, um ihn herauszustaffieren. Der bunte Prunk ist heute verblichen und verschwunden, im übrigen aber erscheint jene Beschreibung noch ziemlich genau.

Dieser alte Denkstein ruht nun auf einer Tumba, welche augenscheinlich jünger ist; man sieht daran allerlei Wappen, Embleme und Inschriften, die sicherlich nicht älter als das

17. Jahrhundert sind. Rings am Rande der obern Platte, die den alten Bildstein trägt, liest man die Worte:

Ossa viri fortis, cujus sors nescia mortis,
Iste locus munit, euge bonus spiritus audit,
Omnis mundatur, hunc regem (qui) veneratur,
Egros hic morbis celi rex salvat et orbis.

Eine andere Inschrift lautet: ,,Monumentum Wittikindi Warnechini, filii, angrivariorum regis, XII Saxoniae procerum ducis fortissimi''; und eine dritte: ,,Hoc collegium dionisianum in Dei opt. max. honorem privilegiis reditibusque donatum fundavit et confirmavit. Obiit anno Christi DCCCVII relicto filio et regni herede Wigberto''.

Diese drei Inschriften sind, wie gesagt, in lateinischen Buchstaben des 17. Jahrhunderts gemacht: man weiß auch, daß die zwei letzten von einem Pfarrer, der hier von 1679-1715 Prediger war, herrühren; bei der ersterwähnten Inschrift jedoch erkennt man deutliche Spuren, daß sie eine Überarbeitung älterer abbrevierter Schrift ist, die man bei dieser Gelegenheit auch nicht ganz korrekt wiedergegeben hat. So muß sicherlich im zweiten Verse gelesen werden: claudit statt munit. Das ganze Monument hat aber nicht allein im 17., sondern auch schon im 14. Jahrhundert eine ,,Bearbeitung'' erduldet. Im Jahre 1377 nämlich machte Kaiser Karl IV., der kunstsinnige Luxemburger, mit seiner Gemahlin eine Reise durch Norddeutschland. Am 15. Nov. jenes Jahres traf er in Minden ein, wo er für eine würdige Begräbnisstätte des Chronisten Henricus de Herfordia sorgte. Wie seinen Aufenthalt in Herford eine alte Schilderei im Lehnsaal der Abtei verherrlichte, haben wir gesehen; am 18. Nov. kam er nach Bielefeld, und hier vernahm er, daß in Enger Wittekinds Grabmal sei; er machte sich augenblicklich dahin auf, und da er das Denkmal verfallen fand, ordnete er eine Restauration an; vielleicht rührt die ganze, jetzige Tumba mit Ausnahme des alten Bildsteins von ihm her.

Dieser alte Bildstein aber mahnt uns daran, daß, wenn oben durch kritische Beleuchtung*) alles und jedes in Frage gestellt, doch an der Hand der Sage gar manches wieder in sein altes Recht zu setzen ist. Die Sage, daß Wittekind in Enger begraben, ist nämlich doch wenigstens so alt wie dieser aus dem 12. Jahrhundert rührende Denkstein, und deshalb darf diese Sage nicht für geradewegs falsch und unwahr erklärt werden; spricht doch eine historische Tatsache nicht dawider, und was noch mehr hervorzuheben, ebenso wenig ist irgendein anderer Ort, welcher Ansprüche auf Wittekinds Grab macht, vorhanden. Dazu kommt der jedenfalls auffallende Umstand, daß sich hier in dem kleinen Dorfe ein Chorherrenkapitel mit einer Stiftskirche findet; was bewog die Kaiserin Mathilde, eine Abtei hierhinzubauen, wenn der Ort, der sich weder durch seine Lage noch seine Bevölkerung empfahl, und der außerdem schon seine eigene Pfarrkirche in einem besondern, die Marktkirche genannten Gebäude besaß, nicht eine ganz besondere Veranlassung dazu geboten hätte? Dann finden wir noch eine Burg im Orte, deren Zerstörung im Jahre 1302 uns berichtet ist, über deren Ursprung aber nichts Licht verbreitet. Sollte man also berechtigt sein, die Sage, welche diese Burg den Sitz Wittekinds nennt, Lügen zu strafen? Wohl umsoweniger, weil diese Behauptung ja insofern durch die Geschichte bekräftigt wird, als die „Vita Mathildis" angibt, daß Mathilde, aus Wittekinds Stamm entsprossen, einen Besitz in Enger gehabt habe, und wohl einen großen, wichtigen Be-

*) Der scharfblickende Erläuterer alles hierhin Gehörenden ist Herr von Ledebur in seiner noch ungedruckten Beschreibung der Grafschaft Ravensberg.

sitz, denn sonst hätte sie dort nicht eine Abtei stiften und mit dem nötigen Gut begaben können.

In eigentümlichem Kontrast mit den in der Kirche zu Enger aufbewahrten Gebeinen steht die Sage, die in eben dieser Gegend zu den Volkstraditionen gehört und die wir weiter unten mitteilen werden; daß Wittekind noch lebe und schlummernd in der Babilonie, einem Berge, der sich aus dem mindenschen, nach Osnabrück hin verlaufenden Höhenzug erhebt, sitze.

Die Sagen, welche noch heute über Wittekind oder ,,König Wieking'', wie ihn das Volk nennt, lebendig sind, wurden mehrfach gesammelt*); wir geben in Nachstehendem die bedeutendsten wieder, indem wir diejenigen beiseite lassen, welche offenbar vom Volke verkehrterweise auf Wittekind bezogen werden und sich ursprünglich an die Ritter des Wedigensteins, die Edeln vom Berge, knüpfen; denn beide Arten von Tradition sind bunt durcheinandergeworfen.

Einstmals hatte Wieking Bettlerlumpen angezogen, so daß er gar unkenntlich und unscheinbar geworden. Und also ist er hingegangen, um zu erfahren, wie es im Lager Karls aussehe. Als er nun dorthin kam, war es gerade der Tag des Herrn, und der Kaiser hatte sich mit den seinigen im Bethause versammelt. Da hat sich Wieking gesellet zu andern Krüppeln, welche am Eingang des Heiligtums harrten, daß man ihnen ein Almosen darreichte. Als er nun, hart an die Pforte gelehnt, sich hinüberbiegt und hineinblickt in die geweihte Wohnung, da soll ihn vom Altare her das Jesuskind angelächelt haben. Als dann Karl heraustrat, ist ihm die hohe Gestalt und der gewaltige Gliederbau des fremden Bettlers aufgefallen, und er hat wohl geahnet, wer es sei. Wieking ist

*)Von Redeker und hauptsächlich von Bögekamp.

aber in Frieden und in tiefen Gedanken heimgekehrt zu den seinen.

An einem heißen Sommertage ritt der König Wieking in den Lübbecker Bergen über die Berghöhe, worauf jetzt das Kirchdorf Bergkirchen liegt. Es war das gerade in der Zeit, als er mit Karl im Kriege lag, und der König erwog in sich, welcher Glaube wohl der wahre sei, der Glaube seiner Väter oder die neue Lehre der Franken. Und der König sprach bei sich selbst: ,,Ist diese die rechte, so möchte ich ein Zeichen haben, wodurch ich gewiß würde!'' Es war aber gerade sehr heiß, und da sich in den Bergen kein Wasser fand, so dürstete ihn und sein Pferd nach Wasser. Und siehe! in demselben Augenblick fing das Pferd gewaltig mit dem Hufe an zu scharren und unter demselben hervor sprang ein Quell von hellem, klarem Wasser. Und der König trank von dem Wasser und gelobte, ein Christ zu werden. Dieser Quell ist noch bis auf den heutigen Tag das einzige Wasser, welches das Dorf Bergkirchen hat.

Als Wieking Christ geworden und Friede war im Lande, da beschloß er auszuruhen von den Kriegszügen und sich einen Königssitz zu erwählen, wo er beständig bliebe und die Freunde um sich her versammle. Drei Orte aber waren ihm besonders lieb, Bünde, der Werder zu Rehme und Enger (nach Andern blos Enger und Bünde). Da befahl er, daß man an diesen Orten Kirchen bauen solle, und welche von den Kirchen zuerst fertig sei, da wolle er wohnen, in der wolle er begraben werden. Und nun fingen alle zu gleicher Zeit mit gleich vielen Arbeitern an zu bauen. Aber der Baumeister zu Enger gebrauchte die List, den Turm wegzulassen. Er war ein Mohr, und zum Wahrzeichen hat er seinen in Stein ausgehauenen Kopf an die Kirche gesetzt. Als man nun später den Turmbau begann, so fiel allemal über Nacht wieder zusammen, was am Tage gebaut war. Endlich wurde ein Platz bemerkt, einige Schritte von der Kirche entfernt, welcher allein trocken war, während alles umher betaut lag. Drei Morgen nacheinander gewahrte man diese Wundererscheinung; da wurde beschlossen, den Turm an diesen Platz zu bauen. Aber kaum hatte man mit dem Bau eine mäßige Höhe erreicht, als das alte Unwesen wieder begann. So ist es denn geschehen, daß der Turm zu Enger einige Schritte von der Kirche ab vereinzelt und ganz unansehnlich dasteht.

Wieking baute nun eine Burg zu Enger. Noch wird die Stelle gezeigt, wo sie gestanden, und selbst von einzelnen Teilen derselben haben Namen und andere Erinnerungen noch heutzutage die Lage aufbewahrt. Der alte Burggraben, der Küchengarten an der Burg, die Pferdeschwemme in der Bornwiese haben noch immer die alten Benennungen; ebenso ist es mit dem Hühnerhofe. Und bei dem neuen hölzernen Hause, welches jetzt an der Stelle steht, aber immer noch jenen alten Namen trägt, erinnern sogar Überreste verwitterter Mauern an die Zeit des Königs. Auch weiß man, daß die Küche und das Backhaus da waren, wo jetzt Bergmanns Garten ist. Und noch im Jahre 1818 hat man hier beim Abgraben eine gemauerte Herdstelle und verwittertes Küchengerät aufgefunden.

Von der Stadt, welche sich weithin um die Burg ausbreitete, ist das jetzige Enger nur ein geringer Überrest. Sie hatte sieben Tore: das Nordtor bei Nordmeiers Hofe; das Burgstädter Tor unweit der Burg selbst; das Kniggentor an der Landstraße nach Bünde; das Niedermühlentor an der Herforderstraße; das Bruchtor an der enger Niederung; das Lüttentor an dem Wege nach Westerenger; das Niedertor bei Niermanns Hofe. Auch umschloß die Stadt das Marktfeld und das Opferfeld. Westerenger aber war die Vorstadt, und hier hatte der König ein Vorwerk, dem auch der Name geblieben ist.

Von dem Gefolge Wiekings sind die großen Sattelmeier aufgekommen. Sie begleiteten den König zu Pferde und waren auch späterhin verpflichtet, einen berittenen Mann zum Kriege zu stellen. Es sind ihrer noch jetzt 14: sieben in der näheren Umgebung von Enger (Hausgenossen, freie Bauern, Sattelmeier), und sieben weiterhin in der Umgebung von Werther, Bielefeld und Heepen (hagenfreie Bauern, auch wohl Sattelmeier neben den Erstern genannt). Ritten die sieben Sattelmeier neben dem Könige, so war es der Meier zu Hiddenhausen, der den Zug begann, und der Meier zu Hücker, der ihn schloß. Ringsmeier hatte über den Marstall die Aufsicht; Ebmeier war Wildmeister und ordnete die Jagden an; Barmeier war das Haupt der Hirten. Windmeier, ein geringerer Diener, sodaß er nicht zu den Sattelmeiern gehörte, war Wiekings Jäger; ritt er aber im Gefolge der Sattelmeier mit dem König, so mußte er, wenn der Zug über einen Hof ging, absteigen und das Heck (die Pforte) öffnen. Noch bis auf unsere Zeit hatten die Sattelmeier manche Vorrechte. Sie waren frei vom Zehnten und genossen bei feierlichen Aufzügen, namentlich bei ihrer und der Frauen Leichenbestattung besondere Ehren. Drei Tage nacheinander werden sie, und zu sonst ungewöhnlicher Stunde, beläutet, nämlich nach 12 Uhr mittags. Schon vom Sterbehause aus begleiten die Geistlichen den Sarg, hinter dem ein gesatteltes Pferd hergeführt wird, in die Kirche, wo man ihn auf dem Chore niedersetzt. Erst nach dem Gottesdienste geschieht dann auf dem Kirchhofe die Einsenkung.

Noch jetzt weiß man die Stellen zu zeigen, wo der König Wieking gern weilte. Bei Hartwig am Steine, einem Hofe in der Nähe von Vlotho, hatte er einen Sitz in einen großen

Stein aushauen lassen, und oft saß er dort und weidete seine Augen an der herrlichen Umgegend. Im Elfenbusche, einem Gehölze unweit Ebmeier, hatte er seinen Vogelherd und sein Vogelhaus. Der liebste Platz war ihm aber der hohe Esch bei Hücker, von wo man weithin schaut in das Hügelland zwischen Süntel und Osning. Da soll neben einer uralten heiligen Eiche ein Wartturm gestanden haben, und nach dem Abbruche desselben eine Kapelle, zu der man Wallfahrten anstellte. Als endlich mit der Kapelle auch der alte Baum dahingesunken war, ist an seiner Stelle eine ganz ungewöhnliche, wunderbare Buche aufgewachsen. Ein Stamm war es, der sich nahe an der Erde in sieben Schafte geteilt hatte, welche alle eine ungewöhnliche Höhe erreichten und ganz ohne Seitenzweige sich oben in ihren Wipfeln vereinigten, sodaß man in der Ferne die Krone eines Riesenbaums zu sehen meinte. Zwei von diesen Stämmen sind in den zwanziger Jahren unsers Jahrhunderts, der eine durch Blitze, der andere durch Brand, zerstört worden, aber die noch übrigen fünf Stämme hießen auch fernerhin die ,,Heiligen sieben Buchen'', bis denn auch diese in den letzten Jahren verschwunden sind.

Auch zu Schildesche baute Wieking eine Kirche. Es wohnte von ihm dort eine Schwester, welche das Klosterleben erwählt hatte; um nun schnell hinüberzukommen, den Bau zu betreiben und die Schwester zu begrüßen, ließ er einen Richtweg hinführen, einen Fußpfad, der noch jetzt von Enger nach Schildesche führt und der ,,Hasenpad'' heißt. Diesen Pfad wanderte der König so häufig, daß sich noch jetzt davon im Munde des Volks das Reimwort erhalten hat:

Dat ist de Hasenpad,
Den König Wieking trad.

Hasenpad heißt er von einem Diener Namens Hase, einem gewöhnlichen Boten und Begleiter Wiekings.

Als Wieking schon zu einem guten Alter gekommen war, da beschloß er einstmals, auf gar besondere Weise zu erproben, wer wohl in der Umgegend noch Anhänglichkeit an ihn habe. Zweien Freunden offenbarte er sein Vorhaben, und nun wurde von diesen bekannt gemacht, daß der König gestorben sei. Auch das Leichenbegängnis ward angeordnet. Als aber zur angesagten Stunde die Menge der Leidtragenden sich auf der Burg versammelt hatte und um den aufgestellten verschlossenen Sarg herstand, da trat plötzlich Wieking selbst wohlbehalten und fröhlich unter sie. Und alle die, welche da umherstanden und zu seinem Leichenbegängnisse gekommen waren, machte er auf ewige Zeiten zehntfrei. Unterdessen kam noch einer aus der Nähe von Bünde nachgelaufen; auch er erhielt dieselbe Begünstigung; allein von dem Tage an nannte man ihn „Nalop", und so heißt sein Hof noch heutzutage. Auch diejenigen, welche, wie z.B. Steinköhler zu Pödinghausen, unterwegs gewesen und auf die Nachricht vom Leben des Königs umgekehrt waren, erhielten einige, wenn auch geringe Vorrechte. Steinköhler wurde zur Hälfte zehntfrei. Ja, selbst Schürmann zu Westerenger, welcher nur die Schuhe angezogen hatte, um sich auf den Weg zu begeben, blieb nicht ganz unbedacht. Einer seiner Kämpe wurde zehntfrei.

Endlich, als der alte Held wirklich heimgegangen war, da hat man ihn von der Babilonie, wo er starb, hingetragen nach Enger. Das Land aber, über das der Zug ging, ist von selbiger Stunde an Wittekindsland genannt und als solches zehntfrei geworden und geblieben. Zu Enger wurde er in der Kirche beigesetzt. Die Kirchtür an der Westseite, durch welche der Sarg hineingetragen wurde, ist sofort zugemauert und bis auf den heutigen Tag nie wieder geöffnet worden. Die mittlere Gegend, wo die Leiche aufgestellt war, um die Bezeugung der Liebe und Verehrung zu empfangen, heißt noch immer die Leichdehl. Der Sarg wurde dann in einem kleinen Gewölbe am Chore beigesetzt und zugleich feierlich ausgesprochen, daß das Heiligtum, worin der Held Westfalens ruht, nie andere Gebeine aufnehmen dürfe. Und so ward es unverbrüchlich gehalten, wie sehr es auch Sitte jener und der Folgezeit sein mochte, die Ruhestätte im geweihten Gotteshause jeder andern vorzuziehen.

Bei der Kirche zu Enger hatte Wieking ein Kapitel gestiftet und dasselbe reichlich mit Grundstücken, Zehnten und hörigen Leuten ausgestattet. Viele Jahrhunderte lang wohnten die Kapitelherren zu Enger und hielten ihren Gottesdienst an der Gruft des Königs. Als aber endlich in den Stürmen der Folgezeit die Stadt sank und verödete, so daß sie gegen das Raubgesindel umher nicht mehr Sicherheit gewährte, da tat das Kapitel die Ländereien aus, bestellte für den Gottesdienst einen Pfarrer und zog nach Herford. Dahin sollten nun auch Zins und Zehnten gebracht werden, allein alle Pflichtigen weigerten sich und lieferten nicht anders als zu Enger an der Kirche, beim Grabe des Königs. Da wandten sich die Kapitularen zur List. Heimlich in stiller Nacht hat man die Gruft geöffnet, die teuern Gebeine entwendet und sie nach Herford entführt. Und nun mußten freilich die Gefälle, welche denselben gehörten, auch wohl dahin folgen. Wohl über 400 Jahre blieben hier die Überreste, bis sie endlich (1822) wieder nach Enger gebracht worden sind. Da haben die Sattelmeier sie um die Kirche getragen und darauf sind sie ihrer ersten Ruhestätte wiedergegeben worden.

Auch hatte der König eine Stiftung eingesetzt, wodurch diejenigen, welchen die Hut seiner Gebeine anvertraut war, wenigstens einmal des Jahres mit ihren Hintersassen zu einer Gesellschaft vereint wurden. Am Tage des heiligen Remigius kamen die Kapitelherren, auch noch als sie in Herford wohnten, anfangs alle, in der letzten Zeit nur zwei Abgeordnete, mit den Behörigen des Stifts auf dem Nordhofe bei Enger zusammen. Hier wurde ein Schmaus gehalten, welchen Nordmeier spendete und anrichtete und wozu Dreimann in Dreien die Tische und Bänke, und Riepe in Westerenger das Weißbrot brachte. Zugleich erneuten die Leute dem Kapitel ihre Huldigung. Etwaige Anstände wurden geschlichtet und die Verpflichtungen bestätigt.

Zum Andenken an den König wurde bis auf die neueste Zeit jährlich zu Enger die Begräbnisfeier desselben begangen. Am Tage der Heiligen drei Könige wurde die Leiche verläutet; am folgenden Tage besorgte der Bürgermeister das Geläute zur Gruft. Darauf versammelten sich Lehrer und Schüler von Enger in der Kirche; dorthin auch kamen die Armen und nun wurde ein Gedächtnisgottesdienst gehalten. Am Schlusse desselben läutete der Küster zur Senkung und zugleich wurden unter den Schülern ,,Timpen'', eigens zu dieser Feier gebakkene Semmeln, und unter den Armen Brot und Wurst verteilt. Den Schluß machte ein Mahl der Geistlichen, der Lehrer, des Bürgermeisters und noch einiger andern. Der Gottesdienst wird aber seit einer Reihe von Jahren nicht mehr gehalten, ebenso nicht mehr das Mahl.

In der Nähe der Stadt Lübbecke liegt in der Gebirgskette, die weiterhin die Porta Westfalica bildet, ein spitzer Berg, der die Babilonie genannt wird. Oben auf der Spitze nun hat früher die Burg Wiekings gestanden, von der man jetzt nur noch einzelne Steine und Mauerstücke und die Spuren eines dreifachen Walles findet. Nach einer andern Erzählung aber ist die Burg versunken und der alte König sitzt darin und harret bis seine Zeit kommt. Eine Tür ist noch vorhanden, die von außen in den Berg und zu dem Palast führt. Allein nur selten geschieht es, daß einer, ein besonders Begünstigter, sie erblickt.

,,Es mögen jetzt'', erzählt der oben erwähnte Redeker, ,,100 Jahre her sein, daß ein Mann aus Hille, namens Gerling, welcher auf der Waghorst Schäfer war, seine Herde an dem Mehner Berge weidete. Da sah er an dem Hügel der Babilonie drei fremde lilienartige Blumen und pflückte sie. Dennoch fand er am folgenden Tage gerade an derselben Stelle wieder drei gleiche Blumen. Er brach auch diese und siehe! am andern Morgen waren sie an demselben Orte wieder aufgeblüht. Als er nun diese gleichfalls genommen und sich dann in der Schwüle des Mittags am Abhange hingesetzt hatte, so erschien ihm eine schöne Jungfrau und fragte ihn, was er da habe, und machte ihn aufmerksam auf einen Eingang in den Hügel, den er sonst nie gesehen und der mit einer eisernen Tür verschlossen war. Sie hieß ihn nun mit den Blumen das Schloß berühren. Kaum tat er das, so sprang das Tor auf und zeigte einen dunkeln Gang, an dessen Ende ein Licht schimmmerte. Die Jungfrau ging voran und der Schäfer folgte und gelangte durch das Dunkel in ein erleuchtetes Gemach. Gold und Silber und allerlei köstliches Gerät lag da auf einem Tische und an den Wänden umher. Unter dem Tische drohte ein schwarzer Hund, ward aber still und zog sich zurück, als er die Blumen sah. Im Hintergrunde aber saß ein alter Mann und ruhte, und das war König Wieking. Als der Schäfer das Alles angesehen, sprach die Jungfrau zu ihm: ,Nimm was dir gefällt und vergiß das Beste nicht.' Da legte er die Blumen aus der Hand auf den Tisch und erwählte sich von den Schätzen, was er eben fassen konnte. Und nun eilte er, das unheimliche Gemach zu verlassen. Nochmals rief die Jungfrau ihm zu: ,Vergiß das Beste nicht!' Er blieb stehen, blickte zurück und sah umher, was denn wohl das Beste sei. Auch nahm er noch einiges, was besonders köstlich schien; an die Blumen aber dachte er leider nicht. Und diese waren doch das Beste, denn sie hatten ihm ja den Eingang verschafft. Überzeugt, das Beste nicht vergessen zu haben, ging er mit Schätzen beladen durch die dunkeln Hallen zurück. Eben trat er an das Tageslicht heran, als das Eisentor mit solcher Gewalt hinter ihm herfuhr, daß ihm die Ferse abgeschlagen wurde. — Dieser Schäfer liegt in der Kirche zu Hille auf dem Chore unter einem großen Steine begraben. Er hat nach jenem Ereignis viele Jahre in großem Wohlstande gelebt. Allein den Eingang hat er nie wieder erblickt und seine Ferse ist nie heil geworden, so daß man ihn bis an seinen Tod nie anders als mit einem niedergetretenen Schuh an diesem Fuße gesehen hat. Er hat manche Vermächtnisse nachgelassen, unter andern auch eins für die Kirche zu Hille, und die Nachkommen seiner Erben besitzen noch gegenwärtig den Aswenhof in Hille, welcher von ihm angekauft wurde."

Die Babilonie hat einen mit dreifachen Erdwällen verschanzten Gipfel, den Resten der rohen und kunstlosen Befestigung, in welcher sich die Sachsen gegen die anstürmende Tapferkeit der Franken Karls des Großen verteidigt haben mögen. Spuren solcher Verschanzungen, die zwischen 772 und 785 entstanden sein werden, tragen mehrere Berghöhen in dieser Gegend.

Eine andere denkwürdige Stelle ist in der Nähe von Enger die sogenannte „Hengist-Horst", ein Feld bei dem benachbarten Dorfe Dünne. Da haben, behauptet die Sage, zwei Ritter in alten Zeiten einen Bund geschlossen; von diesem Bunde hat das nahe Städtchen Bünde seinen Namen (es führt noch in seinem Wappen zwei Ritter, welche sich die Hände reichen). Wäre hiermit etwa die Stelle angedeutet, wo Hengist und Horsa über den großen Erobererzug nach England einig wurden? Hengist wird zwar ein nordalbingischer Wiking genannt, aber soviel wir wissen, lassen die englischen Quellen — und andere haben wir nicht über die beiden Brüder — die eigentliche Herkunft ganz im Dunkeln.

3

Bielefeld. — Die Linnenindustrie. — Die Kirchen. — Der Nährvater Joseph und westfälischer Künstlerhumor. — Der Sparrenberg. — Antiquarische Schwärmereien. — Gobelin Persona und Dietrich von Neheim. — Der Markgraf Karl Philipp von Brandenburg und sein tragisches Ende.

Die nächste Station nach Herford ist das freundliche Bielefeld, der Ort, der von der Geschichte zwar nicht wie Enger geweiht, dagegen aber sämtlichen deutschen Hausfrauen weit interessanter und bekannter ist. Die Stadt liegt sehr hübsch zwischen die Hügel des Teutoburger Waldes gesetzt, da wo ein kleines Gewässer, die Lutter, den Gebirgszug — durchbricht, kann man kaum sagen, durchschlängelt ist besser, denn jeder Ausdruck, der an etwas Gewaltsames erinnert, wäre in diesen ziemlich energielosen Erhebungen und Talsenkungen nicht angebracht. Dem Paß, welchen die Lutter hier durch den Teutoburger Wald gebildet hat, ist denn auch die alte Heerstraße aus dem Innern Westfalen nach der Weser und nach Niedersachsen gefolgt und derselbe Weg war für die Eisenbahn vorgezeichnet. Bevor man Bielefeld erreicht, fällt dem Wanderer die unübersehbare Zahl kleiner Häuser mit roten Ziegeldächern auf, welche über die fleißig angebaute Gegend zerstreut sind. In diesen Häusern wohnt das Geschlecht der rastlos arbeitenden Spinner und Weber, welche die Welt mit einem Teile des berühmten Leinens versehen, obwohl der größere Teil der Gewebe aus weiterer oder näherer Entfernung zu den Bielefelder Bleichen herbeigebracht wird, um dann von hier aus, nachdem sie auf der Legge oder Prüfungsanstalt gestempelt sind, in die Welt zu wandern. Das weiche, zum Bleichen besonders günstige Wasser der Lutter hat zum Aufkommen dieser Industrie viel beigetragen. Die Hauptveranlassung dazu ist aber in der Ansiedelung der ausgewanderten Niederländer zu suchen, die während des Druckes der spanischen Herrschaft ihr Vaterland verließen, um ihren Kunstfleiß fremden Gegenden zu bringen. Doch reichen Flachsbau, Gewebe und Garnhandel Bielefelds freilich urkundlich bis in das 13. Jahrhundert hinauf. Lange war die Industrie in schwunghaftem Betriebe, in dem letzten Vierteljahrhundert hat sie jedoch einen großen Stoß bekommen. In Amerika, welches einen bedeutenden Markt bot, ist Bielefelder Leinen durch irische Leinwand sehr beeinträchtigt worden: das Maschinengarn begann dann das Handgespinnst zu verdrängen. Die ganze Spinnerbevölkerung ging einer traurigen Lage entgegen, ja befand sich schon darin, bis in neuester Zeit die Aussicht auf Beschäftigung in großen industriellen Unternehmungen sich geboten hat. Denn Bielefeld ist der erste Punkt, an welchem jener Industrialismus beginnt, der in allerneuester Zeit, in mitunter riesenhaften Verhältnissen auftretend, den Landstrich vom Teutoburger Walde bis zum Rhein in Beschlag genommen hat. Großartige Projekte sind auch hier in der Ausführung begriffen. Die „Ravensbergische Spinnerei", ein anderer Verein, der sich „Vorwärts, Gesellschaft für Flachsspinnerei und Weberei" nennt, haben Aktienemissionen, die eine zum Betrage von einer, die andere von zwei Millionen Taler gemacht. Sie haben anfangs, um ins Leben treten zu können, mit großen Schwierigkeiten zu ringen gehabt, welche das Vorurteil ihnen in den Weg legte. „Ungeachtet", heißt es in einer öffentlichen Besprechung über diese Angelegenheit, „daß der Staat selbst lebhaften Anteil an der Begründung der mechanischen Flachsspinnerei genommen, ungeachtet die Regierung durch Bewilligung einer bedeutenden Spindelprämie die erste Unternehmung, welche in Westfalen (1850) gemacht wurde, die der Herren Gebrüder Bozi in Bielefeld, wesentlich begünstigt hatte, wurde dieselbe dennoch von allen Seiten angefeindet als verderbenbringend für die altehrwürdige Industrie der ravensbergischen Lande. Auf dem Grundsatze, daß Bielefelds weltberühmter Leinenhandel nur bei Handgespinnst bestehen könne, beharrte man mit solcher Zähgikeit, daß nicht nur die Leinenhändler, sondern auch die Produzenten dem neuen Institute Feindschaft schworen. Bei dem Hauptbeschützer des Unternehmens, dem Handelsminister von der Heydt, wurde mit Massenpetitionen der Versuch gemacht, die neue Industrie im Keime zu ersticken. Als diese Experimente gänzlich erfolglos blieben, erließen viele der angesehensten unter den Leinenhändlern Bielefelds öffentliche Erklärungen, worin sie sich von der mechanischen Garnproduktion auf das entschiedenste lossagten und bei der alten Handspinnerei zu verbleiben versprachen. Inzwischen trat die Unhaltbarkeit des Konservatismus in der überzeugendsten Weise hervor, als die Konkurrenz der Maschinen Großbritanniens und Belgiens die Handproduktion in Westfalen mehr und mehr zu Boden warf. Nicht gar lange nach Begründung der Bielefelder ‚Vorwärts' entstanden zwei neue Maschinenspinnereien in der Rheinprovinz, nämlich zu Düren und Dülken, und fanden ebenfalls seitens der Staatsregierung die großmütigste Förderung und eine bedeutende materielle Unterstützung. Und nun war die Bahn vollständig eröffnet. Der lange bezweifelte, dann endlich aber glänzend konstatierte Erfolg der jetzt vorhandenen drei Institute bewirkte darauf einen vollständigen Sieg: die frühern Feinde der Neuerung wurden jetzt Freunde der neuen Sache, die Notabeln des Kreises Bielefeld verbanden sich mit mehren der bedeutendsten Industriellen vom Rhein, und es entstand aus den vereinten Kräften der Intelligenz und des Kapitals jene großartige Unternehmung, welche unter dem Namen ,Ravensbergische Spinnerei' kürzlich neu errichtet ist, indes die ältere, ,Vorwärts', durch Umwandlung in eine Aktiengesellschaft bedeutend ausgedehnt wurde. Beide sind bestimmt, ein wesentlicher Hebel der vaterländischen Industrie zu werden. Vor allem wird der Flachsbau seitens der Landwirte mit größerem Eifer kultiviert und für den Kolon*) und selbst den Kossäten*) wichtig und nützlich werden, und so allmählich der jetzt sehr bedeutende Bezug aus dem Auslande verschwinden. Alsdann bekommt der Leinenhandel, welcher längst zum größten Teil mit mechanischem Gespinst und Gewebe vom Auslande her betrieben wird, wieder neuen Boden im Vaterlande und speziell im Kreise, dessen Bleichereien die besten in Deutschland sind - und endlich tritt an die Stelle der wenig mehr lohnenden Handproduktion allmählich die mechanische Kraft, die in ihrer mächtigen Ausdehnung künftig eine größere Anzahl von Arbeitern ernähren wird als die bisherige kleine Einzelindustrie. Denn bekanntlich beabsichtigen beide Aktiengesellschaften eine vollständige Leinenproduktion, Spinnerei und Weberei auf mechanischem Wege herzustellen.''

Spekulationen auf Bergbau, Eisenwerke, auch auf Gewinnung von Rasenerz gehen neben diesen Unternehmungen her - überall sieht man, daß Industrie und Ackerbau in diesem Teile Westfalens schon jetzt enorme Kapitalien angehäuft haben müssen, die nun plötzlich, wie vom Drange der Zeit ergriffen,

*) Anmerkung: Kolon — durch Erbzins an einen Herrn gebundener Bauer
Kossat — Häusler, Bewohner einer Kate

aus der engen stillen Haft, in welcher sie ruhten, losbrechen und ins Rollen geraten. Und da der Westfale zu rechnen versteht, und Schwindel und Leichtsinn nicht zu seinen Eigenschaften gehören, so werden wir in nicht langer Zeit hier und weiterhin auf dem fruchtbaren, zwischen den beiden schiffbaren Parallelflüssen Lippe und Ruhr so äußerst vorteilhaft gelegenen Landstrich, den man den Hellweg nennt, ein solides und schwungreiches industrielles Leben entwickelt sehen, das nur in England seinesgleichen findet.

Unter den Kirchen Bielefelds sind zwei eines Besuchs wert. Die Nikolaikirche besitzt ein schönes Altarschnitzwerk, die Hauptmomente des Lebens Christi in sehr feiner und sauberer Ausführung darstellend. Links zu unterst zeigt sich die Geburt Christi; vor dem Wochenbett der Gattin sitzt der heilige Nährvater Joseph mit einer großen Flasche in der Hand, aus welcher er eben einen tüchtigen Schluck nimmt. Allsolcher Humor des Künstlers scheint jedoch bei spätern weniger naiven Geschlechtern einigen Anstoß gefunden zu haben, und daher mag es kommen, daß gerade diese Abteilung des großen Bildwerks so verletzt und beschädigt ist. Er erinnert an einen andern Zug westfälischen Künstlerhumors, jene Darstellung des Abendmahls in den Fenstern der Wiesenkirche zu Soest nämlich, wo der Heiland nicht das Osterlamm, sondern einen Schinken vor sich hat. Die Marienkirche zu Bielefeld hat sehr schöne Grabmonumente: besonders das, worauf die Stifter dieser Kirche, Graf Otto von Ravensberg, seine Gemahlin Hedwig von der Lippe und zwischen ihnen beider Sohn Ludwig im ewigen Schlummer ruhen. Die Mutter hält zärtlich ihre Hand auf dem von Locken umwallten Haupte ihres Kindes. Graf Otto trägt langes gescheiteltes Haar, das über der Stirn von einem Bande festgehalten ist; seine hohe schlanke Gestalt ist in einen Drahtpanzer gehüllt und von einem Mantel umflossen. Das

Ganze ist von großer Schönheit. — Aber auch die andern Epitaphien sind beachtenswert, besonders das des Otto von Oy, der 1621 als Drost auf dem Sparrenberg starb. Der Sparrenberg ist die burggekrönte Höhe, welche mit ihren Trümmern und den Resten ihrer Bastionen in die reinlich-freundlichen Straßen Bielefeld niederblickt. Es ist nicht weit bis hinauf, und die Aussicht auf die Stadt und die anmutige Gegend von dort oben ist der Mühe des Aufsteigens wert; die Trümmer der Burg sind es weniger; man gewahrt Überreste mehr einer Feste des 17. Jahrhunderts als einer eigentlichen Ritterburg. Sie ist gebaut um 1177 von Bernhard von der Lippe; doch als sie vollendet war, sollte der Erbauer an das sic vos non vobis erinnert werden, denn Graf Hermann von Ravensberg nahm sie unmittelbar nachher mit stürmender Hand und pflanzte sein Sparrenwappen auf ihre Türme — daher der Name ,,der Sparrenberg''. Graf Hermann von Ravensberg wußte dann auch seine Eroberung zu behaupten; nur eine Zeitlang verlor er sie gegen Bischof Hermann von Münster, der Bielefeld eroberte und zum Zeichen der Unterwerfung die Bürger zwang, allen in der Nähe stehenden Eichen die Wipfel abzuhauen. Man muß gestehen, daß das Mittelalter fruchtbar an ,,Ideen'' war und daß es ein eigentümliches Gepräge von Fantasiereichtum in seltsamen Einfällen hatte! Die eigentliche Residenz der Grafen von Ravensberg war nicht hier, sondern auf der Stammburg, welche einige Stunden nordwestlich von Bielefeld an dem Abhange des Teutoburger Waldes liegt und deren Ruine von ihrer Höhe herab weit hinein in einen großen Teil der flachen Ebene des Münsterlandes blickt, über die obern Stromgebiete der Ems und der Lippe fort und bis nach den fernen Gebirgen des Sauerlandes hinüber. Hier war der Stammsitz der alten Grafen von Calvelage, welche später den Namen von eben dieser, schon um 851 erwähnten Burg annahmen und schon 1346 erloschen waren. In diesem Jahre belehnte nämlich Kaiser Ludwig der Bayer den Herzog Gerhard von Jülich mit den ravensburgischen Besitzungen, deren Schicksale von da an mit denen der Jülich-Kleve-Bergischen Lande zusammenfallen.

Man kann übrigens die alte Burg Ravensberg nicht erwähnen, ohne eines der merkwürdigsten Mißverständnisse zu gedenken, in welches unsere frühere, ganz kritiklose patriotische Altertumsforschung zu verfallen vermochte. Unweit der Burg liegt nämlich ein Ort, den man Borgholzhausen nennt. Sämtliche frühere Ravensberger Geschichtsschreiber und Nachforscher in historischen Dingen haben nun des festen Glaubens gelebt, jenes mystische Templum Tanfanae, von dem Tacitus in den „Annalen", I, 51, erzählt, daß Germanicus es im Jahre 14 nach Christus auf dem Zuge wider die Marsen zerstört habe, sei nirgendwo anders als in diesem Borgholzhausen zu suchen. Es befand sich in dem Dorfe eine Lache, in welcher man Wasser sich ansammeln ließ, um es bei etwaiger Feuersgefahr zur Hand zu haben. Das Volk nannte dies Wasserbekken die Dämpfpfanne. Die Dämpfpfanne — auf Plattdeutsch Dämmpanne — welcher Fund für die vaterländischen Antiquare! Daß hier der rätselhaften Tanfana Heiligtum sich erhoben, noch bis auf diese Stunde durch mehr denn tausendjährige Überlieferung im Munde des Volks bewahrt, war offenbar, war unwiderleglich! Es wurde natürlich sehr viel darüber geschrieben, und einer dieser begeisterten Historiker, welcher seine Feder darüber in Bewegung setzte, aber durch seine amtliche Stellung höchst glücklicherweise im Stande war, mehr für die heilige Sache der Dämpfpanne tun als bloß darüber schreiben zu können, eilte, dem geweihten klassischen Boden ein würdiges Aussehen zu geben. Er ließ die versumpfte Lache ausfüllen, ebnen und sodann mit einem Steinpflaster versehen.

,,Es sollte'', schreibt er, ,,auch auf diesem ahnungsvollen Orte ein bleibendes Denkmal errichtet werden, damit die nach Tacitus der Erde gleichgemachte Tanfana wieder in ihre vorige Bedeutsamkeit zurücktreten könnte. Aber der unglückliche 14. Okt. 1806 unterbrach die Ausführung dieses patriotischen Plans, und die geheiligte Stätte steht verwaist, verlassen, im trauernden Gewande da, doch nicht ohne Hoffnung, sie dereinst von höchster, glückgeweihter Hand durch ein bleibendes Denkmal zur Ehre des Vaterlandes und der tröstlichen Zuversicht des getreuen Volks, dessen blutiger Besitz sie ist, für die spätere Nachkommenschaft erhalten zu sehen.''

Leider ist diese schöne ahnungsvolle Hoffnung nicht in Erfüllung gegangen, weil, viel zu früh für den heiligen Eifer des begeisterten Mannes, der gelehrte Mißgriff entdeckt wurde. Man hat dann, mit Ledebur, das Tanfanaheiligtum und den Sitz der Marsen weiter nordwestlich in der Gegend von Tecklenburg gesucht; die neueste Forschung hat jedoch sehr scharfsinnig dargetan, daß der Sitz der Marsen an Weser und Diemel zu suchen, daß der Tanfanatempel ein dortliegender heiliger Hain gewesen und daß die vieldiskutierte Irminsul, das sächsische Nationalheiligtum, welches Karl der Große im Jahre 772 zerstörte, nichts ist als ein aus diesem heiligen Hain übriggebliebener Baumstamm.

Nachdem wir jedoch vaterländische Historiographie bei dieser Dämpfpfannengeschichte so bloßgestellt haben, wollen wir suchen, sie in ihre vollen Ehrenrechte wiedereinzusetzen, indem wir hier zwei ihrer hervorleuchtendsten Namen nennen, an welche uns die Marienstiftskirche in dem zu unsern Füßen liegenden Bielefeld erinnert. Es sind Gobelinus Persona, der Dechant dieser Stiftskirche war, und sein Gönner am päpstlichen Hofe, Magister Dietrich von Neheim. Beide Männer haben ein gleich merkwürdiges bewegtes Leben geführt, und beider Schriften, verfaßt mit aller der durch langen Aufenthalt in Italien erworbenen Bildung, sind hochwichtige Quellenwerke für kirchliche Geschichtsschreibung; sie enthalten besonders die ergiebigsten Aufschlüsse über die Zeiten des großen kirchlichen Schisma, welches dem Konstanzer Konzil vorherging. Beide waren scharfe Beobachter und unbestechliche Beurteiler einer der traurigsten Epochen des kirchlichen Lebens im Abendlande. Dietrich von Niem oder Neheim (in der Diözese Paderborn) war um die Mitte des 14. Jahrhunderts geboren und wurde früh von dem frischen geistigen Leben, das die verjüngte Wissenschaft in Italien heraufgezaubert hatte, über die Alpen gelockt. Gegen das Jahr 1372 finden wir ihn jedoch in Avignon, wo Papst Gregor XI. damals residierte und den jungen Westfalen als Abbreviatore der apostolischen Schreiben anstellte. Dieser hatte als solcher die Antworten und Bescheide auf die einlaufenden Gesuche und Vorstellungen zu entwerfen. Mit Gregor XI. kehrte Dietrich von Neheim später nach Rom zurück. In seiner Geschäftsstellung hatte er in Avignon die Bekanntschaft des Erzbischofs von Bari gemacht; nachdem dieser als Urban VI. nach Gregors Tode den päpstlichen Stuhl bestiegen, eröffnete sich Dietrich eine glänzende Laufbahn. Er wurde der vertrauteste Günstling des neuen Papstes; zugleich aber auch sehr bald in alle die verhängnisvollen Wirren verwickelt, in welche derselbe durch seine Härte und seine Rücksichtslosigkeit die Kirche versetzte, besonders als ein Teil der durch Urbans Betragen entrüsteten Kardinäle in Clemens VII. einen Gegenpapst aufstellte.

Um diese Zeit war ein anderer junger Westfale nach Rom gekommen; dies war Gobelin Person oder Persona aus Paderborn. Sicherlich ward Gobelin von Dietrich von Neheim dem Papste Urban empfohlen; jener erhielt nämlich bald eine Anstellung in der apostolischen Kammer und harrte seitdem

(1384) treu bei Urban, trotz aller Gefahren und wechselvollen Lagen des Papstes aus. Gobelin war nicht lange in seiner Stellung, als in Luceria (Nocera), wo Urban sich zu jener Zeit aufhielt, sechs Kardinäle eine Verschwörung anstifteten — und zwar gegen das Leben des Papstes selbst, wie wenigstens Urban sich überzeugt halten mochte. Der Anschlag wurde entdeckt. Die Kardinäle wurden in Ketten geworfen und Magister Dietrich von Neheim, als Geheimschreiber des Papstes, ward beauftragt, bei der Untersuchung das Protokoll zu führen. Im Grunde sollte gerade er, der treue Deutsche, die eigentliche Seele der vorzunehmenden Inquisition sein. Er fand die eingekerkerten Kardinäle in Banden und in den schauerlichsten Gefängnissen; der Kerker des Kardinals von Sangro war so eng, daß der Gefangene nicht einmal die Füße ausstrecken konnte. Als die Untersuchungsrichter nach dem ersten Verhör vor dem Papst erschienen, weinten zwei von ihnen, in einer Weise ergriffen, daß sie nicht reden konnten. Der Papst aber fuhr sie wegen „ihres weibischen Benehmens" an und hieß sie gehen; Dietrich von Neheim nahm nun das Wort und suchte Urban auf alle Weise zur Milde zu bewegen, bis des Letztern Zorn auch ihn schweigen hieß. Dann reichte Urbahn ihm ein Protokoll über das Verhör des am Tage zuvor vernommenen und gefolterten Bischofs von Aquila, worin Neheim allerdings nicht unerhebliche Anklagen gegen einige der gefangenen Kardinäle aufgezeichnet fand. So blieben denn alle Verwendungen fruchtlos, auch die des Königs Karl von Neapel und der übrigen Kardinäle fruchteten nichts. Dietrich von Neheim wandte dagegen alles auf, was er als Mitglied der Untersuchungskommission zu tun vermochte, um das Los der Unglücklichen zu mildern: bei der Tortur des Kardinals von Sangro kürzte er dessen Qualen dadurch ab, daß er erklärte, der Unglückliche habe ihm genug gestanden; bei der des Kardinals von Venedig gelang ihm das Gleiche, indem er, Kopfschmerzen vorschützend, sich aus der Marterkammer wegbegab und sich heimlich aus dem Schlosse fortschlich. Als er vom Papste den Befehl erhielt, auch einige Schreiber der apostolischen Kanzlei in Luceria ins Verhör zu nehmen, ließ er diesen einen Wink geben, so daß sie früh genug die Flucht ergreifen konnten. Endlich jedoch hielt Dietrich es in der Nähe seines Gebieters nicht mehr aus. Viele der Kurialen hatten sich bereits auf und davon gemacht; als er sah, daß alle seine Vorstellungen den Papst nicht zur Milde bewegten, daß Urban darauf sinne sich in verhängnisvolle Kämpfe mit dem König von Neapel zu stürzen, den er für den Begünstiger des Komplotts hielt — da entfernte auch er sich und nahm seinen Aufenthalt in Neapel unter dem Schutze des dortigen Hofs.

Trotzdem finden wir ihn bald hernach, als Urban VI. sich aus dem von den Truppen des Königs von Neapel belagerten Luceria flüchten muß und sich nach Genua begibt, wieder an der Seite des Papstes. Nach Genua war denn auch Gobelin Persona als treuer Begleiter seinem Gebieter gefolgt. Gobelin hatte bei dem Papste standhaft ausgehalten und alle Gefahren und Beschwerden der Belagerung von Luceria und der darauffolgenden Flucht geteilt. Er scheint jedoch seines Dienstes endlich auch überdrüssig geworden zu sein und eine Veranlassung ergriffen zu haben, um sein Verhältnis zu lösen, da ein entdeckter neuer Anschlag auf das Leben des Papstes und zur Befreiung der gefangenen Kardinäle den finstern Geist Urbans immer tiefer mit Mißtrauen und Unmut erfüllte. Urban ging zuletzt so weit, seine fünf Gefangenen — einer hatte sich glücklich durch die Flucht gerettet — im Kerker erdrosseln und die Körper heimlich bei Nacht in einem Pferdestalle verscharren zu lassen. Bald nach diesem Ereignis aber, im Jahre 1388, finden wir Gobelin Persona in seine Heimat zurückgekehrt.

Dietrich von Neheim dagegen hielt jetzt unwandelbar bei dem Papste aus und stand noch an dessen Sterbebett. Er blieb dann noch unter mehren Nachfolgern Urbans in seiner Stellung, wobei er einmal Präsident der apostolischen Kanzlei genannt wird, obwohl er selbst fortfährt, sich mit dem bescheidenen Titel Abbreviatore zu bezeichnen. Auch scheint er ein Titularbistum erhalten zu haben. Jedenfalls blieb er in einer Stellung, welche ihn allen Verwicklungen und traurigen Verhältnissen der langen Zeit des Schisma nahebrachte; so sehen wir ihn auch teilnehmen an dem Konstanzer Konzil, von wo er Papst Johann XXIII. mit nur zwei andern Gefährten auf seiner Flucht begleitet. Als Papst Johann XXIII. sich jedoch weigert, sich den Beschlüssen des Konzils zu unterwerfen, läßt Dietrich ihn in Freiburg im Breisgau im Stich, und nach Konstanz zurückgekehrt, wird dieser noch Augenzeuge des Märtyrertodes von Huß und Hieronymus von Prag. In Konstanz scheint Dietrich von Neheim denn auch im Jahre 1416 gestorben zu sein. Seine geschichtlichen Arbeiten fallen in die letzten zehn Jahre seines Lebens. Das wichtigste darunter ist die „Geschichte des Schisma" in drei Büchern, die einen Zeitraum von 32 Jahren umfassen und zuerst in Nürnberg 1532 gedruckt wurden; dann sein „Leben Papst Johanns XXIII."; beide Werke sind lateinisch, in fließendem Stil geschrieben und bilden die Hauptquelle für die Zeit, welche der Verfasser darin mit unparteiischer Wahrheitsliebe und unbestochenem Gerechtigkeitsgefühl schildert, obwohl seine strenge kirchliche Orthodoxie nicht in Frage gestellt werden kann.

Während Dietrich von Neheim so sein Grab in fremder Erde fand, hatte Gobelin Persona daheim in Westfalen sich einen neuen, aber mühevollen Wirkungskreis gebildet. In der Gunst und in vollem Vertrauen bei dem Fürstbischof von Paderborn, dem Herzog Wilhelm von Berg, stehend, hatte er sich zur Aufgabe gemacht, die sittlich am tiefsten gesunkenen und ihrer Bestimmung am meisten entfremdeten Abteien des Fürstentums Paderborn zu reformieren. Es war eine herkulische Arbeit, unter der Gobelin jedoch nicht ermattete, trotz allen Widerstandes, den er bei geistlichen und weltlichen Widerstrebenden fand, und trotz des Hasses, womit selbst der große Haufe seine Bemühungen verfolgte. Aber als endlich der bischöfliche Offizial, Wilhelm von Driburg, welcher wider eines der Klöster eine Untersuchung zu führen hatte, von einem Mönch vergiftet wurde, fand Wilhelm von Berg für gut, zur Sicherheit und zur Beruhigung der erschrockenen geistlichen Beamten, die im Sinne Gobelins tätig waren, diese nach Bielefeld zu senden und sie von dort aus ihre Funktionen fortsetzen zu lassen; denn diese Stadt, wie die Grafschaft Ravensberg, gehörte dem Fürstbischof als geborenem Herzog von Berg. Gobelin Persona, der an der Spitze des geistlichen Gerichts stand, wurde dabei zum Dechant der Marienstiftskirche in Bielefeld ernannt. Aber Gobelin blieb nicht lange in dieser neuen Stellung. Einige Jahre darauf zog er sich in das von ihm reformierte Kloster Böddeken bei Paderborn zurück und starb dort um 1424. Sein monumentum aere perennius ist sein großes Werk, das ,,Cosmodromium'' oder die Weltchronik, an der er 28 Jahre lang arbeitete, ein Buch, durch das sich der Verfasser als ein eigentümlicher, tiefsinniger, ernster und schwärmerischer Charakter voll mystischen Hanges zeigt, das in Einzelheiten auffallend kritisch, im Ganzen ohne Kritik geschrieben ist, jedoch da von größter Wichtigkeit, wo mit den Begebenheiten der Jahre 1350 - 1418 die Erzählung dessen beginnt, was Persona selbst erlebte oder was sich doch wenigstens in näherem oder engerem Kreise um ihn her bewegte. Auch er schreibt wie Dietrich von Neheim, ,,ohne Ansehen der Person''; freimütig und bitter spricht er sich über Charaktere und Handlungsweise von Päpsten, wie Johann XXII., Benedict XII., Bonifaz IX. und endlich Johann XXIII. aus; und am Ende schließt er sein Werk mit dem prophetischen Stoßseufzer: ,,Schon seit vielen Jahren mit den Angelegenheiten und Verhältnissen der Kirche beschäftigt, habe ich oft selbst sorgfältig in Erwägung genommen, durch welche Maßregeln man mit durchgreifender Entfernung aller Mißbräuche und jeglichen Ärgernisses eine allgemeine Kirchenreformation herbeiführen könnte. Vielleicht wird der Herr diesen Weg zeigen, wenn er einst im tobenden Sturmwetter sich nahet, um die Schiffe der hohen See zu zerschmettern.'' Die erste Ausgabe des viel ausgeschriebenen und benutzten Werks rührt von H. Meibom her; sie erschien zu Frankfurt im Jahre 1599.

Seit dem Jahre 1286 war der Sparrenberg der Sitz eines ravensbergischen Amtmanns oder Drosten. Im Jahre 1545 ward die Burg ganz neu erbaut, mit runden Bastionen, wie Meister Albrecht Dürer sie in seinem Buche über Befestigungen angibt. In dieser Gestalt kam sie mit der ganzen ravensbergischen Erbschaft an Brandenburg. Der Große Kurfürst fügte fernere Werke hinzu und residierte, wenn er in den neuerworbenen Landesteilen war, auf dem Sparrenberge. Daher kommt es, daß ihm im Jahre 1672, am 26. Dez. in diesem Schlosse von seiner zweiten Gemahlin, der bösen Dorothea von Holstein-Glücksburg, ein Sohn geboren wurde, jener Markgraf Karl Philipp, Heermeister in Sonnenburg, der des Vaters Lieblingssohn war und an dessen frühen und seinerzeit vielfach gedeuteten Tod unter den Mauern von Casale in Piemont sich ein um so größeres Interesse knüpft, weil dies vorzeitige Ende jedenfalls durch die romanhafte Leidenschaft des Prinzen zu der schönen Gräfin Salmour-Balbiani herbeigeführt war. ,,Des Prinz Karls von Brandenburg Historie'', schrieb schon die Herzogin Charlotte von Orléans darüber, ,,ist eine wunderliche Begebenheit, wie die deutschen Komödianten also pflegen zu sagen.'' Der Prinz entwickelte sich früh. Er war eine höchst liebenswürdige Erscheinung und zeigte sich trotz seiner Jugend als tüchtiger und eifriger Soldat. Von seinem Bruder, dem späteren ersten König von Preußen, war er deshalb in seinem zweiundzwanzigsten Jahre bereits zum Generalleutnant ernannt worden. So finden wir ihn im Jahre 1694 als den Chef des brandenburgischen Hilfskorps, das Kurfürst Friedrich III. den kaiserlichen Truppen während des pfälzischen Erbfolgekriegs gestellt hatte, zuerst in den Niederlanden, dann in Piemont im Heere des Prinzen Eugen von Savoyen, das die Festung Casale den Franzosen nehmen sollte. Bis die Jahreszeit die Eröffnung der Belagerung erlaubte, hielt er sich am Hofe des Herzogs Victor Amadeus in Turin auf, und hier, wo sich damals eine große glänzende Gesellschaft bewegte, darunter Prinz Eugen und zwei Prinzen von Hessen, verlor der ritterliche, durch vollkommene Männerschönheit sich auszeichnende brandenburgische Markgraf sein Herz an Katharina Marchesin Balbiani, die Witwe eines englischen Grafen Salmour. Diese Leidenschaft, begünstigt von den Damen, welche in ihren Salons die Gesellschaft Turins um sich versammelten, auch von den Umgebungen des Prinzen, worunter ein Oberst und Stallmeister von Hackeborn und ein Kammerdiener Hoffmann die Hauptrollen spielten, anfangs nicht gehindert, führte doch zu einer gewaltsamen Katastrophe.

Prinz Karl von Brandenburg*) hatte sich vorgenommen,

---

*) So wird der Hergang erzählt bei Le Bret, in dessen ,,Magazin zum Gebrauche der Kirchen- und Staatengeschichte wie auch des geistlichen Staatsrechts katholischer Regenten''.

am 28. Mai den Prinzen von Hessen-Kassel, seine Geliebte, die Marchesin Balbiani, und die Gräfinnen von Rocca, von Tiano und Vercelli zu einem Gastmahl auf der Vênerie zu ziehen, wozu er auch die Herren Abt del Marco, Konsultor Parelli und Balbiani einlud. Er schickte alle seine Leute an den bestimmten Ort, damit Alles bei ihrer Ankunft bereit wäre, und ließ sich hierauf einen von den großen Hofreisewagen ausbitten, der die ganze Gesellschaft faßte. Jedoch ließ er diesen mit seinen eigenen Pferden bespannen. Als sie auf der Vênerie angekommen waren, hielten sie sich einige Zeit damit auf, die schönen Gärten in Augenschein zu nehmen, worauf sie zur Tafel gingen, die mit den ausgesuchtesten Speisen prächtig bedient war.

Als diese zu Ende, ließ der Prinz Karl heimlich den Pfarrer des Orts herbeirufen. Diesen fragte der Prinz in Gegenwart aller, wer er wäre, worauf jener erwiderte, er sei der Pfarrer des Orts. „Nun", versetzte hierauf der Prinz, „so erkläre ich vor Ihnen und dem Herrn Abt von Marco und dem Herrn Parelli, daß ich die hier zugegenstehende Dame, Katharina Balbiani, Gräfin von Salmour, zu meiner Gemahlin nehme." Die Gräfin erklärte: „Ich nehme zu meinem ganzen, rechtmäßigen Gemahl den Herrn Prinzen Karl von Brandenburg." Der Pfarrer war ganz erstaunt, wußte nicht, was er machen sollte und begab sich hinweg, mit Lebensgefahr, weil ihn der Prinz von Hessen-Kassel umbringen wollte, woran ihn nur die Umstehenden hinderten.

Der dem Prinzen zugegebene Stallmeister brach in heftige Reden über die schlechte Aufführung seines Prinzen aus, was er seinem Hause für einen Schimpf antäte, daß er eine geringe Dame heiratete, obwohl sie eine von den ersten Damen des Landes ist. Er erhob seine Stimme immer mehr und sagte, wie unanständig und seiner hohen Geburt unwürdig eine solche Vermählung sei, und er würde sich hierüber bei dem Bruder des Prinzen mit Recht beklagen; er sei entschlossen, lieber sich gänzlich zu entfernen, als daß er eine so unanständige Handlung gleichgültig mit ansehen solle. Der Prinz griff zum Degen, welches den Stallmeister nötigte, ebenfalls zu seiner Verteidigung zum Degen zu greifen, und dieses tat endlich die ganze Gesellschaft. In diesem Scharmützel wurde der Stallmeister leicht verwundet, nachdem ihn die Umstehenden verteidigt hatten.

Nachdem sie nun ein wenig beruhigt waren, so gab man Befehl, den Reisewagen anzuspannen, und indessen schickte der Stallmeister eilends nach der Stadt, um von dem, was vorgefallen war, einigen Offizieren, seinen Landsleuten, die in der Stadt waren, Nachricht zu geben. Diese begaben sich gleich zu Pferde und eilten nach der Vénerie. Der Reisewagen ward zurecht gemacht, jeder setzte sich an seinen Platz, und weil der Bräutigam besorgt war, es möchte ihm etwa ein Zufall begegnen, so gab er auf dem Wege dem Kutscher Befehl, in aller Eile sich nach dem Hause der Dame zu verfügen. Weil ihn aber der Stallmeister und die vornehmsten Diener des Prinzen bedrohten, so fuhr er ganz langsam fort und kam kaum in die Ebene zwischen Turin und der Vénerie, als man ein Getöse hörte.

Es erschien auf einmal ein Trupp von Kavalieren, die ihnen entgegenritten. Der Bräutigam bedrohte den Kutscher noch einmal, aber immer vergebens. Der Prinz, der hierüber in Furcht geriet, sagte: ,,Kann ich denn nicht gänzlich über meine Dame disponieren?'' Indessen langten die Kavaliere an, grüßten die Herren im Reisewagen höflich, sprachen aber weiter nichts und taten auch weiter nichts, als daß sie den Reisewagen in die Stadt begleiteten.

Man beratschlagte sich nun die weitere Zeit, wo etwa der

Prinz aussteigen solle. Hierüber war man verschiedener Meinung. Die Dame selbst aber war immer der Meinung, sie wolle ihrem Prinzen, auch wenn sie sich der augenscheinlichsten Lebensgefahr aussetzten sollte, folgen, und sagte, es wäre immer rühmlich für sie, für einen Prinzen zu sterben, den sie so sehr ehrte.

Nachdem sie in der Stadt angekommen waren, begab sich jeder in sein Haus, die Neuvermählten ausgenommen, welche beide dem Herrn Grafen Gabaleone, dem ersten Schwiegervater der Dame, Nachricht davon gaben und hierauf in das Haus des Bräutigams abgingen. Sobald der Abt del Marco in Turin angekommen war, nahm er die Post und eilte nach Fraissinette, um Seiner königlichen Hoheit dem Herzoge Victor Amadeus hiervon Nachricht zu geben.

Noch an eben demselben Abend kam der Herr Marchese Rovero, Gouverneur der Stadt, in das Quartier des Prinzen und beklagte sich über das schlechte Betragen der Dame, gab ihr auch zu erkennen, daß Seine königliche Hoheit, wie billig, es ressentieren würden; er gebe ihr also den Rat, sich in das Haus eines ihrer Anverwandten oder wohin sie am liebsten wolle, zu begeben. Die Dame antwortete auf alle Ansinnungen mit großer Standhaftigkeit. ,,Ah Monsieur'', sagte sie, ,,peut on résister à l'amour et à la gloire?'' Der Gouverneur mußte also ohne andern Nutzen abziehen, als daß er sagen konnte, er hätte sie beide gesprochen. Beide speisten also selbigen Abend allein zu Nacht, und es erfolgte weiter nichts, als daß sie ihre Ehe in Ruhe vollzogen.

Den folgenden Morgen reiste der Stallmeister in aller Frühe mit der Post nach Fraissinette ab, um bei Seiner königlichen Hoheit sich über das Benehmen seines Prinzen zu beklagen. Man nahm ihn auch allda gnädig auf und gab ihm geneigtes Gehör.

Bald darauf schrieb der Prinz Karl an Seine königliche Hoheit und meldete ihm, er habe einen öffentlichen Beweis von seiner Achtung geben wollen, die er für Madame de Salmour hätte, und er habe sich also mit ihr vermählt, jedoch sei sein Vergnügen nicht vollkommen, weil er in einem Hause Seiner königlichen Hoheit Hand an den Degen gelegt. Der Herr Gouverneur und andere Kavaliere gaben sich den Tag über neue Mühen, um die Dame dahin zu bewegen, daß sie das Haus des Prinzen verließe. Es half aber alles nichts, weil sie noch immer darauf beharrte, daß, weil sie das Glück gehabt, einen so großen Prinzen zu heiraten, sie auch bei ihm leben und sterben wolle; ihre Handlungen verdienten ganz und gar keinen Tadel, denn sie habe sich so regelmäßig betragen, daß der Prinz sie geheiratet hätte. Man brachte also den Tag mit verschiedenen Diskussionen und Unterredungen über diese Sache zu.

Die Gelehrten stritten nun über die Gültigkeit dieser Ehe, und die Meinungen derselben waren geteilt. Einige sahen sie als gültig, viele als ungültig an, weil sie nicht vor dem eigenen Pfarrer geschehen sei, und dies gaben sie als die allgemeine Ursache an, die sie ungültig machen könne. *) Unter diesen verschiedenen Meinungen wandte sich der Erzbischof an Seine königliche Hoheit wegen Trennung dieser Ehe, bis er die Sache nach Rom berichtet und von da Antwort hätte.

Jedermann erwartete mit der größten Ungeduld die Be-

---

*) Und darin hatten sie nach dem Tridentinischen Konzil, welches ausdrücklich verlangt, daß eine solche Willenserklärung, sich zu heiraten, „coram paroche proprio" ausgesprochen werden müsse, Recht!

fehle Seiner königlichen Hoheit, um zu sehen, was die Sache für einen Ausgang nähme. Ihr Vorwitz wurde so lange in Zweifel gehalten, bis am folgenden Tage der Souverän vom Lande heimkam. Weil der Tag schon weit verstrichen war, so geschah weiter nichts, als daß im Namen Seiner königlichen Hoheit ein piemontesischer Kavalier an den Prinzen Karl abgeschickt wurde, um ihm zu sagen, daß der Herzog ihn bei Hofe erwarte, wo er ihn durch Zureden zu überzeugen im Sinne hatte, ehe er Gewalt gebrauchte. Der Prinz aber antwortete, er möchte ihn entschuldigen, daß er ihm nicht aufwarten könne, weil er sich nicht ganz wohl befände. Weiter geschah an demselbigen Tage nichts.

Mittwoch früh ließ Seine königliche Hoheit den Mr. Dupré, Obersten vom bayrischen Regiment, rufen, gab ihm die nötigen Verhaltungsbefehle und schickte ihn an den Prinzen Karl, um ihn zu überreden, daß er nach Hofe käme. Der Prinz entschuldigte sich aber immer unter mancherlei Vorwendungen. Mr. Dupré brachte Seiner königlichen Hoheit diese Nachricht, wurde aber noch einmal mit neuen Verhaltungsbefehlen an den Prinzen geschickt, von welchem er aber bald wieder mit eben derselben Antwort unverrichteter Dinge zurückkam.

Unterdessen wurden einige Gardes du Corps von eben demselben Regiment Dupré abgeschickt, welche das Haus, wo der Prinz wohnte, umgaben. Man gab hierauf allen brandenburgischen Dienern und Offizianten, die sich bei ihm befanden, von der Sache Nachricht; welches auch in Rücksicht der Offiziere von den Regimentern Savoyen und Chablais beobachtet wurde. Die ersten bekamen Befehl, den Prinzen Karl zu halten, wenn er sich widersetzen wollte, die andern aber sollten die Dame hinwegführen; jedoch sollte dies nicht eher geschehen, als bis Dupré den Offizieren versichert hätte, daß dies der Befehl von Seiner königlichen Hoheit wäre, sowie er auch noch weiteren Befehl hatte, immer bei der Person des Prinzen zu stehen.

Nachdem man alles dieses miteinander verabredet hatte, stieg Mr. Dupré in eine Hofkutsche und fuhr nach dem Quartier des Prinzen. Er fing von neuem an, den Prinzen aufs angelegentlichste und höflichste zu bitten, er möchte sich nach Hofe zu begeben, welches aber alles nichts fruchtete. Indessen kamen gemeldete Offiziere dazu und Mr. Dupré, der die Unterredung noch immer fortsetzte, sagte zu dem Prinzen: ,,Ein Souverän verlangt es doch und Eure hochfürstliche Durchlaucht müssen gehorchen.'' Der Prinz antwortete: ,,Auch ich bin Souvèrän und folglich bin ich nicht gehalten, seinen Befehlen zu gehorchen.'' Dupré erwiderte: ,,Er ist Generalissimus des Kaisers, folglich müssen wir uns seinem Willen bequemen.'' Worauf der Prinz versetzte: ,,In Kriegssachen kenne ich meine Pflicht und weiß, was ich zu tun habe, in dieser Sache aber darf ich ihn nicht als Generalissimus anerkennen.'' Mr. Dupré erklärte endlich: ,,Der Befehl Seiner königlichen Hoheit ist, daß ich bei Eurer hochfürstlichen Durchlaucht verbleiben soll.''

Als indessen die Dame, die am Bette des Prinzen, ihres Gemahls (beide in Schlafröcken) stand, sah, daß sich die Gemüter erhitzten, so stellte sie sich hinter ihn. Da sich der Prinz von Offizieren umgeben sah, so wollte er nach dem Degen greifen, der allda auf dem Tische lag. Aber als er ihn eben ergreifen wollte, fiel die Dame in Ohnmacht und sank vor Schmerz halbtot auf das Bett. Indessen wurde der Prinz von seinen Offizieren hinausgeführt, und nachdem sich die Dame von ihrer Ohnmacht ein wenig erholt hatte, wurde sie von den Marchesen Civio und Pallavicini übernommen und in die bereitstehende Kutsche gebracht, in welche sie sich mit ihr setzten und sie nach dem heiligen Kreuzkloster führten.

Sie litt alles mit der gewohnten Standhaftigkeit. Beim Eintritt in das Kloster sagte sie nur folgende französische Worte: ,,Ne vous affligez pas, Mesdames; mon crime est d'être princesse!'' Doch aß und trank sie selbigen Tag vor Kummer nichts und nahm bloß ein paar Eier zu sich. Gegen Abend fand sich der Kavaliere Tenia im Namen Seiner königlichen Hoheit bei ihr ein. Was sie miteinander gesprochen haben, weiß man nicht. Zuverlässig ist es, daß sie einen Brief an Seine königliche Hoheit selbst geschrieben hatte; man konnte aber vom Inhalte desselben nichts erfahren, sondern man wußte nur soviel, daß sie sich mit folgenden Worten unterschrieben hatte: ,,Katharina Balbiani, Marquise de Brandebourg.''

Sie blieb indessen im besagten Kloster, wo sie von 60 Soldaten (aus dem brandenburgischen Corps) bewacht wurde, und man glaubt, daß sie ihre Tage da beschließen werde. Jedoch wird sie auf ausdrücklichen Befehl des Souveräns mit allem Benötigten versehen und unterhalten und dabei nichts gespart.

Der Prinz Karl blieb in seinem eigenen Zimmer, war aber an einer Schulter leicht verwundet, was er selbst mit seinem eigenen Degen getan hatte, weil er sich, als man ihn anhielt, hatte verteidigen wollen. Seine Landsleute und andere Kavaliere blieben bei ihm, um ihm zu dienen. Man kann leicht denken, wie sehr er sich müsse erhitzt haben. Insonderheit war er gegen seine Bedienten ungehalten, von denen nicht ein einziger hierbei seine Partie genommen, ein Lakai ausgenommen, der aber, weil er allein war, fliehen mußte.

Gegen Abend ging Seine königliche Hoheit in Begleitung des Prinzen Eugenius von Savoyen und des Prinzen von Darmstadt zum Prinzen Karl, den sie aber ganz untröstlich und nüchtern fanden. Von ihrer Unterredung hat man weiter nichts erfahren, als daß der Prinz sich bereiterklärt hat, seine Vermählung auf alle, die feierlichste Weise zu bestätigen, wenn sie ja sollte als Null erklärt werden, und daß er die Dame schlechterdings zur Gemahlin haben wolle, weil er sie aus freier Bewegung zur Gemahlin genommen habe.

Man hat hierauf den Bericht von dieser ganzen Sache nach Rom geschickt, sowie man auch dem Herrn Kurfürsten von Brandenburg hiervon Nachricht gab. Es hat auch der Prinz jemanden ersucht, mit Seiner kurfürstlichen Durchlaucht in Berlin zu sprechen und sich bald zur Abreise dahin gefaßt zu machen, um dem Kurfürsten von der Sache Nachricht zu geben, damit er doch endlich zu seinem so sehr gewünschten Zwecke gelangen möchte. Es scheint auch, soviel man weiß, daß ermeldete Person seinem Ansinnen Gehör gegeben habe.

In Rom wurden häufig Kongregationen gehalten, um zu entscheiden, ob diese Ehe wirklich gültig sei. Man zog viele verständige und gewissenhafte Prälaten, sowohl Gottesgelehrte als Rechtsgelehrte dazu, denen der Papst den Auftrag machte, die Hauptfrage zu entscheiden. Nachdem dieselben alles in Erwägung gezogen hatten, was für die Gültigkeit und Rechtmäßigkeit dieser Ehe gesagt werden konnte, so wurde endlich der Schluß dahin gefaßt, daß die beiden Eheleute der päpstlichen Dispensation nötig hätten, weil sie von verschiedener Religion wären.

Aber während daß man die Ausfertigung des Dekrets bis auf das Dispensationsgesuch ausgesetzt sein ließ, kam die Nachricht von dem Tode des Prinzen an, der nach einer langen Krankheit (13. Juli 1695) am hitzigen Fieber starb, das vom Zorn und Ärgernis herkam, die ihm die Beraubung seiner Gemahlin verursacht hatte. Auch dieser war die Nachricht von seinem Tode äußerst schmerzhaft. Er hatte ihr zwar ansehnliche Geschenke von Kleinodien und anderen Kostbarkeiten vermacht, sie blieb aber dessenohnerachtet untröstbar und man kann sie mit Recht eine arme, unglückliche Dame nennen.

Es murmelten zwar viele am Turiner Hofe über diese Begebenheit und schrieben den Tod des Prinzen verschiedenen Ursachen zu, sowie auch einige gar den Verdacht hegten, als ob er an Gift gestorben wäre.

So weit die Darstellung des Ereignisses bei Le Bret.

Der grausame Widerstand, auf welchen das liebende Paar stieß, erklärt sich wohl durch die Sorge, welche seine Umgebung und der Berliner Hof hegen mochten, daß dieser Verbindung eine Konversion zum Katholizismus folgen werde.

Die Leiche des Prinzen ward nach Berlin geführt und dort am 25. Aug. 1695 mit großem Pomp und Gepränge eingeholt und in der Domkirche beigesetzt.

Die Witwe, anfangs untröstlich und durch alle von Berlin aus gemachten Schritte nicht zu bewegen, den Namen einer Markgräfin von Brandenburg abzulegen, heiratete doch später 1707 in Wien den sächsischen General Grafen Wackerbarth.

Was den Sparrenberg angeht, so wurde derselbe im Jahre 1743 abgebrochen und nur einige Reste, in welchen Gefängnisse eingerichtet wurden, blieben übrig.

4

Westfälische Geschichtschreibung. — Gütersloh, Rheda, Rietberg. — Erinnerung an den ,,Europäischen Kutscher''. — Eine Geschichte von romantischer Dienertreue. — Johann der Tolle. — Das standesherrliche Verhältnis von Rietberg.

Es ist eine eigentümliche Erscheinung — die Erinnerung an Persona und Dietrich von Neheim veranlaßt uns zu dieser Bemerkung —, wie fast alle gelehrte Tätigkeit der Westfalen, die zu Ruf und Ansehen gekommen, sich der Geschichte zuwendet. In diesem Fache wäre es leicht, eine Fülle rühmlicher Namen von Westfalen zu nennen, außer Gobelin und Dietrich von Neheim z.B. noch Schaten, Fürstenberg, Rainerus Reineccius, Piderit, Hamelmann, Kerssenbrock, Steinen, Möser, Niesert, bis auf die neueste Zeit herab, die durch Ledebur, Wigand, Seibertz, G. Rosenkranz u.s.w. vertreten wird. Es ist das um so auffallender, weil das Land selbst die Anregung dazu nicht zu enthalten scheint. Dieses ist freilich für die grauesten Zeiten der Geschichtsforschung ein denkwürdiger Boden: die Varusschlacht, die großen Heerzüge der Römer, dann die der Karolinger, welche sich in denselben Geleisen wie die des Drusus und Germanicus bewegten, die blutigen Zusammenstöße der Franken und der Sachsen, die um so erbitterter durchgekämpft wurden, weil seit uralten Zeiten die beiden Völker nicht allein durch Stammes-, sondern auch durch Religionshaß geschieden waren, da Franken und Sachsen in verschiedener „Ehe" oder gesetzmäßigem Wesen (Ewa) und Bunde der Stämme unter sich und mit ihren Göttern lebten — diese Ereignisse und Perioden haben zwar allerdings ihr großes Interesse und bilden ein überwiegend wichtiges Moment der allgemeinen deutschen geschichtlichen Entwickelung. Von da an aber verflacht sich unsere Geschichte sehr früh, und die Teilnahme Westfalens an den großen Weltbegebenheiten bekommt eine eigentümlich passive Natur. Westfalen hat nie dem Deutschen Reiche einen Kaiser gegeben, nie der Kirche einen Papst oder nur einen der großen geistlichen Kurfürsten des Reichs. Es hat wenig teilgenommen an den Kreuzzügen, obwohl es einen großen Helden, Bernhard von Horstmar, dazu stellte. Nur dem Deutschen Orden hat es viel tapfere Streiter zugeführt, wie denn der größte Herrenmeister Livlands, Walter von Plettenberg, der ruhmbekränzte Held von Maholm und Pleskow, ein Westfale war. An den großen kaiserlichen Hof- und Reichstagen sehen wir wenig Westfalen; unsere alten Geschlechter sind selten in den Turnierbüchern verzeichnet; deutscher Minne- und Meistergesang hat uns wenig zu verdanken, kurz wir haben weder neue Ideen noch die Initiative großer Taten in das buntverschlungene Gewebe der Vorzeit gebracht. Wir haben großen historischen Begebenheiten uns nur passiv hingegeben, z.B. den Verwüstungen durch die Kriege zwischen den Sachsen und den salischen Kaisern, dem Dreißigjährigen Kriege, dem tollen Spuk des Wiedertäuferwesens, das Holländer und Friesen bei uns aufführten. Und doch ist der historische Sinn bei uns immer in eigentümlicher Weise überwiegend gewesen. Es muß eben im Charakter und Wesen von Land und Leuten liegen, die ja im historischen Bestand der Sitten, Einrichtungen und Anschauungen seit Jahrhunderten fortgelebt haben. Es ist die Zähigkeit der Volksnatur, die in ihrem einsiedlerischen und wenig beweglichen Wesen sich mit dem Boden des Landes enger und näher verbunden fühlt, als es andere Stämme tun mögen. Diese störrigen Eichengewächse fühlen an ihrer eigenen Widerstandsfähigkeit, daß sie starke und tiefe Wurzeln haben, die im Boden der vaterländischen Geschichte stecken. Daher mag es kommen, daß für diese die Teilnahme, auch fortwährende Tätigkeit noch heute so groß ist. Die Versammlung der deutschen Altertumsvereine im Herbst 1854 in Münster ist zwar sehr kühl und ungastlich von der Einwohnerschaft aufgenommen und behandelt und sehr in ihren Erwartungen getäuscht auseinandergegangen. Das Interesse aber, welches jene Vereine vertreten, ist in ganz Westfalen darum nicht weniger wach, und für die Geschichte des Landes ist sehr viel geleistet worden. Unsere größeren, und zum Teil auch die mittleren Städte: Paderborn, Münster, Osnabrück, Koesfeld, zuletzt Soest haben treffliche Monographien gefunden. Die Herausgabe der westfälischen Regesten durch Erhard, der Geschichtsquellen des Bistums Münster sind in musterhafter Weise begonnen, und die ,,Zeitschrift des Westfälischen Vereins für Geschichte'' ist eine rasch anwachsende, ausgezeichnete Fundgrube, der wohl wenig deutsche Vereine Besseres gegenüberzustellen haben. In Dietrich von Steinens ,,Westfälischer Geschichte'' haben wir eine umfangreiche Quellensammlung; über die Wiedertäufergeschichten, über Bernhard von Galen ist eine ganze Literatur zusammengeschrieben.

Unsere Weiterreise führt uns jetzt in die Ebenen des Münsterlandes, das uns in seinen Resten von Heiden und Sandstrecken zeigt, was dies Land war vor den Tagen der Eroberung durch die neueste Kultur. Die dicht zusammenliegenden Städtchen Gütersloh (Station), Rheda (Station) und Wiedenbrück sind in lebhaftem Aufblühen begriffen. Wiedenbrück war ehemals die Hauptstadt einer kleinen, den Fürstbischöfen von Osnabrück gehörenden Herrschaft, welche das Amt Reckenberg hieß und eingekeilt lag zwischen der linkshin sich erstreckenden Grafschaft Rietberg und der rechtsliegenden Grafschaft Rheda, deren Hauptstadt nur eine Viertelstunde weit von der Hauptstadt des Amtes Reckenberg lag! Rietberg erinnert an den Namen des größten österreichischen Staatsmannes, des ,,Europäischen Kutschers'', an Wenzel Anton Fürst von Kaunitz, der einst Gebieter des kleinen Landes war, das nur 20 Reichstaler und 14 Kreuzer zu jedem Kammerziel zu zahlen hatte und sechs Mann zu Roß für die Reichsarmee stellte. Ursprünglich von Grafen aus dem Hause Arnsberg beherrscht, ging es um 1439 auf die Edeln von Hoya über, aus deren Hause Johann II., genannt der Tolle, der letzte Reichsgraf von Rietberg war.

Unter diesem Regenten kommt ein Zug von romantischer Treue und Pflichterfüllung vor, der noch der würdigen Bearbeitung und Verherrlichung durch irgendeinen stoffsuchenden Balladendichter entgegenharrt. Johann gehörte mütterlicherseits dem Hause der Fürsten von Ostfriesland an, in welchem seit je die bösen Weiber, nach Art der ,,quade Thalke'' (böse Thekla) heimisch waren. Auch Onna von Ostfriesland, die Mutter Johanns des Tollen, war solch eine Art von bösem Schicksal, und ihr Söhnlein Johannes zeigte sich früh als ihr würdiges Ebenbild und ließ sich von der Mutter übeln Ratschlägen sein ganzes Leben hindurch leiten. Er hatte ein mildes und sanftes Frauenbild als Gattin heimgeführt, Agnes, eine geborene Gräfin von Bentheim-Steinfurt; daß aber Frau Onna, die Schwiegermutter, sich mit der Schnur nicht vertrug, braucht nicht gesagt zu werden. Johann selbst behandelte seine Gattin aufs härteste und roheste; er versagte ihr und seinen beiden Töchtern sogar die Mittel zu ihrem Unterhalt in einer Weise, daß die arme Frau oft in die drückendste Not kam.

Agnes hatte in solchen Lagen jedoch eine Zuflucht; sie ließ sich nämlich von Johann von Willen, dem Rentmeister ihres Herrn, kleine Vorschüsse machen, die sie regelmäßig widerzuzahlen pflegte. Einst aber, als sie einer mehr als gewöhnlich beträchtlichen Summe bedurft hatte, war es ihr unmöglich gewesen, am bestimmten Tage die Wiedererstattung zu leisten; und gerade nun fiel es Johann dem Tollen ein, die Renteirechnungen und Bestände durchsehen zu wollen. Er fand den durch den Vorschuß an die Gräfin entstandenen Kassendefekt und brauste gegen seinen Diener auf. Dieser wußte keine genügende Ausrede vorzubringen; daß er das Geld der Gräfin habe vorschießen müssen, verschwieg er; er wollte sie dem Zorne ihres Mannes nicht aussetzen. Der Graf nannte ihn einen Betrüger und drohte mit Galgen und Rad. Johann von Willen schwieg. Der Graf ließ ihn in den Kerker werfen. Willen blieb standhaft. Da befahl Johann der Tolle, ihm einen kurzen Prozeß zu machen, und dann ließ er seinen Diener ohne Gnade an den Galgen hängen. (Im Februar 1556).

Was die Gräfin Agnes abhielt, ihn durch ihr Geständnis zu retten, wenn sie es anders vermochte, was später aus ihr geworden — darüber gibt unsere Quelle keinen Aufschluß.

Das schreckliche Ende des treuen Rentmeisters erregte nah und fern Entrüstung, um so mehr, als unter dem Volke die Sage ging, der Ermordete sei ein natürlicher Bruder des tollen Grafen gewesen, und ferner, das in der Kasse vermißte Geld sei im Neste eines Raben aufgefunden worden, der es nach und nach stückweise durch das offene Fenster des Kassenzimmers fortgeholt habe. Und so war denn jedermanns

Mitleid rege für den armen Gehängten — in der Seele eines Mannes aber kochte Wut und Rachedurst, und dieser Mann war der Bruder des Hingerichteten, Otto von Willen. Er war Sekretär des Grafen Johann von Rietberg und selbst mitverwickelt gewesen in die Untersuchung wider seinen Bruder; aber er war glücklich der Haft entflohen und hatte sich in den Schutz des Grafen Bernhard von der Lippe gestellt. Otto von Willen schwur seinen Bruder zu rächen; zwar er war nichts als ein ansehen- und habeloser Mann, der von seiner Anstellung gelebt und mit ihr jetzt alles verloren hatte; und der, dem er den Untergang schwur, war der mächtige Gebieter großer Herrschaften in Ostfriesland, die seiner Mutter Erbteil — er war reichsunmittelbarer Graf zu Rietberg und Ritter des Goldenen Vließes; aber Otto von Willen achtete den Unterschied und das Mißverhältnis der Kräfte nicht, und als Johann ihm sogar die Bitte abschlug, die Leiche seines Bruders vom Strange abnehmen lassen zu dürfen, gelobte er sich noch einmal fest, die Blutschuld zu vergelten.

Die Art und Weise, wie Otto von Willen mit unbeugsamer, aber auch kein Mittel scheuender Willenskraft dies ausführte, gibt ein so sprechendes Gemälde deutscher Sittenzustände aus dem 16. Jahrhundert, daß schwerlich eines gefunden werden kann, welches charakteristischer wäre. Zuerst füllte Otto die Höfe der benachbarten Dynasten und die nächsten Adelssitze mit seinen Klagen an. Bald aber mochte er einsehen, daß alle diese Herren, deren er als seiner Werkzeuge bedurfte, nicht durch empörtes Rechtsgefühl allein zum Handeln bewogen würden, daß es dazu mehr als bloßer Gemütsregungen und sentimentaler Beweggründe bedürfe. Otto von Willen organisierte sich jetzt eine förmliche Räuberbande und brach mit ihr brennend und plündernd in die Grafschaft Rietberg ein, überzeugt, daß nun Span mit den Nachbarn und

Verwicklungen nicht ausbleiben würden. Die ließen denn in der Tat nicht auf sich warten; Johann von Rietberg beschuldigte den Grafen von der Lippe, er sei der Beschützer der Bande, die in sein Gebiet eingebrochen, und da es Johanns Weise nicht, irgendeine Reizung, sie mochte kommen woher sie wollte, ruhig hinzunehmen, so setzte sich ,,der Tolle'' zu Roß, und mit geschwärztem Angesicht, umgeben von einer Schar Spießgesellen, welche ebenfalls, um unkenntlich zu bleiben, das Gesicht schwarz gefärbt hatten, überfiel er die Burg eines lippeschen Vasallen, des Herrn von Wendt, der den ehemaligen Schreiber Johanns bei sich empfangen und bewirtet hatte. Die Burg wurde während der Abwesenheit ihres Herrn gewaltsam eingenommen und rein ausgeplündert; alles, was vorhanden, wurde eingesackt, selbst die Kleider, welche die zwei Töchter des Herrn von Wendt trugen, wurden ihnen vom Leibe gerissen und sie mit ihrer Zofe nackt und mißhandelt zurückgelassen.

Die Dinge waren nun dahin gediehen, wohin Otto von Willen wahrscheinlich sie hatte kommen sehen wollen. Der Graf von der Lippe, zu dessen Gebiet die geplünderte Burg gehörte, griff zu den Waffen, brach verheerend in die Grafschaft Rietberg ein, und mit jener seltsamen Logik der alten Biederzeiten, welche die Vergehen der Herren mit Feuer und Schwert an den Untertanen rächte, wurde alles zunichte gemacht, verbrannt und geraubt, was sich vorfand. Das gräflich Rietbergsche Jagdschloß ging in Flammen auf, die Stadt Rietberg, das ganze Land geriet in die Hand des Feindes, und der tolle Johann fand nur Schutz hinter den breiten Gräben seines Residenzschlosses, das, auf Pfahlwerk in einen Sumpf gebaut, im Volksmunde das Dreckschloß hieß, von seinen Erbauern aber ,,Eden'' genannt wurde. Hier wurde er belagert; der Fürstbischof von Paderborn, bei dem Johann auch einige

Liebesdienste auf dem Kerbholz hatte, sandte Truppen zur Verstärkung der Angreifenden, der westfälische Kreistag zog die ganze Angelegenheit vor sein Forum, und da Johann sich halsstarrig gebärdete, wurde er endlich als Landfriedensbrecher in die Reichsacht erklärt. Der Herzog von Jülich als Oberster des Kreises rückte mit der bewaffneten Macht desselben vor Eden; das Schloß wurde nachdrücklichst beschossen, dann wurde mehrmals Sturm gelaufen — aber es war kein leichtes Werk, den tollen Johann zu überwältigen, der sich wie ein wunder Eber seiner Haut wehrte. Sieben Monate lang noch flatterte sein Banner, der goldene Adler im blauen Schilde, auf den zerschossenen Türmen von Eden; da zuletzt war ihm der Atem ausgegangen, d.h. es war das letzte Stück Brot verzehrt und das letzte Korn Pulver verpufft — am 2. Juni 1557 ergab sich die Feste.

Graf Johann schritt, auf einen weißen Stab gestützt, über die niedergelassene Zugbrücke seines Schlosses und übergab seinen Degen dem Edeln Kaspar von Quernheim, dem Stellvertreter des Herzogs von Jülich. Er wurde nach Deutz gebracht und hier zu lebenslänglicher Gefangenschaft verurteilt; nachdem ihn der Herzog von Jülich dem Erzbischof von Köln zur Hut übergeben, ließ dieser ihn in das Kölner Augustinerkloster von St. Marien sperren, obwohl vielfach, auch von Seite Margaretens von Parma, der Statthalterin der Niederlande, für seine Befreiung gewirkt wurde. Zwei Jahre nach seiner Gefangennehmung starb seine Mutter, die böse Onna. Was aus Otto von Willen geworden ist, wird uns nicht berichtet. Johann selbst bewahrte einen stoischen Gleichmut in der Gefangenschaft und warf sich, als einer Trösterin seiner Einsamkeit, der Wissenschaft in die Arme. Auf dem Schlosse Esens in Ostfriesland zeigte man noch lange nach seinem 1564 erfolgten Tode die Manuskripte seiner Übersetzungen deutscher Werke ins Lateinische. Ein Bildnis, das dort noch von ihm vorhanden ist, stellt ihn in einem seiner Wutanfälle vor, mit den Gebärden eines Rasenden, und ist so scheußlich, daß die Volkssage entstehen konnte, er habe es einen Maler zur Strafe malen lassen.

Sein von der Mutter, der ,,magistra omnium malorum'', ererbtes Naturell scheint auf seine älteste und Erbtochter Walpurgis übergegangen zu sein, welche mit dem Grafen Enno von Ostfriesland vermählt war. Sie wurde in Ostfriesland 1586 im Wochenbett zusammt dem neugeborenen Kinde vergiftet, und zwar wahrscheinlich durch eine von ihr mißhandelte Dienerin, die dafür mit dem Feuertode bestraft wurde. Die Grafschaft kam durch sie oder ihre Erbtochter, die schöne Sabine, welche im direkten Widerspiel mit Mutter und Großvater um ihrer Frömmigkeit und Güte willen wie eine Heilige verehrt wurde, an die Grafen von Ostfriesland und von diesen um 1699 abermals durch eine Erbtochter Maria Ernestine an den Grafen Maximilian Ulrich von Kaunitz, dessen Sohn der berühmte Staatskanzler war. Unter der Regierung desselben war der Pastor von Rietberg Generaladministrator des Landes, und dieser geistliche Herr wußte seine Stellung vortrefflich auszufüllen und gab alle Ursache, mit seinem Regententalent zufrieden zu sein. Des Staatskanzlers Söhne, zuerst Ernst Christoph II., dann Dominicus Andreas, folgten ihm in der Regierung. Mit des letztern Sohn Alois ist im Jahre 1848 der Mannesstamm der Kaunitz erloschen. Alois hatte jedoch schon im Jahre 1822 die seit 1807 mediatisierte Grafschaft an den Gutsbesitzer Friedrich Ludwig Tenge zu Barkhausen verkauft. Es entstand dadurch ein großer und verwickelter, endgültig im Jahre 1834 für den Ankäufer entschiedener Prozeß mit dem Hause Liechtenstein, das Erbansprüche schon früher, 1690, erhoben hatte und sie jetzt wiederaufnahm; sodann erhob sich die Frage wegen der Ausübung der ,,standesherrlichen Rechte''. Diese Prägorativen sind allerdings zumeist Ehrenrechte, welche wesentlich aus Humanität, wenn man will als eine Art von Schmerzensgeld, eine Entschädigung für die verlorene Territorialhoheit, den Personen gelassen oder eingeräumt wurden, welche eben eine solche Hoheit verloren hatten. Zum Teil haben diese Rechte aber auch einen ganz reellen Wert, z.B. das Recht zu Beamtenernennungen, die Standschaft in Provinzial- und allgemeinen Ständeversammlungen usw. Gewiß gingen alle diese Befugnisse dem Fürsten Alois von Kaunitz durch die Veräußerung der Standesherrschaft verloren, und es war Sache der österreichischen Regierung, ob sie den Fürsten als einen der im deutschen Staatsrecht vielbesprochenen ,,Personalisten'', als einen Standesherrn ohne Standesherrschaft betrachten wollte oder nicht. Preußen, das durch eine Deklaration vom Jahre 1820 sich ausdrücklich das Recht vorbehalten hat, die persönlichen Verhältnisse eines Mediatisierten, der sein Land verkauft, zu bestimmen, hat den Fürsten Kaunitz, wie ebenfalls den Fürsten Salm-Kyrburg, den Grafen Wallmoden, den Freiherrn von Bömmelberg von der Liste seiner Standesherren ausgeschlossen. Andererseits müßten wir jedoch sehr irren, wenn standesherrliche Rechte nicht bereits mehrmals und in wiederholten Fällen bei Veräußerungen des betreffenden Gebiets an Personen des hohen Adels, welche die Ankäufer waren, mit übertragen worden wären. Da die Rheinische Bundesakte im Artikel 27 den ehemals Reichsunmittelbaren alle Domänen und die verschiedenen Ehrenrechte als Privateigentum, ,,comme propriété patrimoniale et privée'', überläßt, so müssen diese Ehrenrechte doch auch mitverkäuflich sein. Im vorliegenden Falle, wo der Käufer keine Person des hohen Adels, ist jedoch das ganze standesherrliche Verhältnis der Grafschaft Rietberg gelöscht und annulliert worden.

Der andere oben genannte Hauptort eines kleinen ehemaligen reichsunmittelbaren Gebiets, das am sandigen Ufer der Ems liegende Rheda, ist die Residenz der Fürsten von Bentheim-Tecklenburg-Rheda, einer seit dem Jahre 1500 abgezweigten Linie des uralten Bentheimschen Hauses; doch wird Rheda in neuerer Zeit während der Sommermonate von der fürstlichen Familie um des freilich unendlich schöner liegenden Schlosses Hohenlimburg willen verlassen, das in seiner Lage an der kleinen, aus den sauerländischen Bergen hervorbrechenden Lenne ein faux air vom schönen Heidelberg hat. Beide Besitzungen, Rheda und Limburg, umfassen etwa vier Quadratmeilen; der jetzt regierende Herr ist Fürst Moritz Kasimir, geboren 1795 und vermählt mit Fürstin Agnes von Sayn-Wittgenstein-Hohenstein.

5

Oelde. — Stromberg. — Der Ort der Varusschlacht. — Ehren-Cotius und die Kühe. — Hamm und die Mark. — Die Kohlen- und Eisenindustrie. — Kappenberg. — Stein.

Nach Rheda erreichen wir Oelde, eine jener münsterländischen Ackerstädte, die alle denselben Charakter haben, ziemlich ärmlich aussehende Nester mit Häusern aus Fachwerk, welche die Giebel der Straße zukehren und umsonst sich durch die bunteste Tünche, gelb, grün, rot, blau und alle möglichen Regenbogenfarben ein Ansehen zu geben suchen. Das Pflaster ist entsetzlich, die Düngerhaufen liegen als Höhenmesser der häuslichen Wohlhabenheit, als Gegenstände des Familienstolzes vor den Türen aufgeschichtet. Hier und dort erinnern ein paar Linden vor dem Hause mit einer Steinbank an die Sitte der Altvordern, welche wie zur bleibenden Erinnerung daran, daß sie aus der freien grünen Natur und der Waldeinsamkeit in den Schutz ummauerter Städte geflüchtet, junge Bäume aus ihren ,,Kämpen'' mitnahmen und alle Straßen der Städte damit besetzten. Solcher kleinen Städte gibt es sehr viele in Westfalen; sie haben, besonders seit dem Aufhören der Herzogsgewalt durch den Sturz Heinrichs des Löwen, dem ein Zustand von großer Rechtsunsicherheit folgte, zahlreiche Familien vom Lande in ihren Mauern aufgenommen. Merkwürdig aber ist, daß der weitaus größere Teil der Bevölkerung noch bis auf den heutigen Tag über das ganze Land zerstreut in einzelnen Höfen wohnt. Wenn man einen Blick auf die Geschichte Westfalens wirft, so muß man sich sagen, daß es eigentlich, die ganze Zeit des Mittelalters hindurch bis auf das Ende des 17. Jahrhunderts, eine völlige Unmöglichkeit war, in dieser Art die alte einsiedlerische Weise des getrennten Wohnens, wie sie schon Tacitus beschreibt, festzuhalten. Das Land ist nämlich fortwährend von Kriegsstürmen heimgesucht, von dynastischen Fehden überzogen, von ritterlichen Strauchdieben geplündert, von den Kriegsvölkern zur Zeit der Religionskämpfe gebrandschatzt, verheert, bis aufs Blut ausgesogen worden. Und immer war es das offene flache Land, waren es die vereinzelt und schutzlos wohnenden Bauern, welche zuerst dabei herzuhalten hatten, welche ihre Häuser verbrannt, ihre Habe bis auf den letzten Pfennig und den letzten Strohhalm für gute Beute erklärt sehen mußten. Aber dennoch hat dieses starre und eigensinnige Geschlecht sich nicht belehren lassen; statt, wie es andere Stämme machten, in eine wehrhafte und mauer- und grabenfeste Stadt ihre weite, oft stundenlange ,,Bauerschaft'' zusammenzuziehen, haben sie den Hof, wenn er zehnmal von den Schnapphähnen niedergebrannt war, doch zum elften Male wieder an derselben Stelle errichtet, wo er nun einmal seit 1000 Jahren gestanden!

Links von Oelde, eine halbe Stunde südlich, liegen die Höhen von Stromberg. Es ist eine inselartige Bergerhebung, welche hier aus der weiten westfälischen Ebene aufsteigt und einen beinahe unbegrenzten Überblick über den ganzen dreieckigen Flachlandbusen gestattet, den wie eine ununterbrochene Schutzwand Berge umgeben; gen Süden die vom Rhein her in gerader Linie nach Osten streichende Mauer des Haarstrangs, gegen Nordosten der lange Zug des Teutoburger Waldes, der sich in der ,,Egge'' (Ecke), als der Spitze des Dreiecks, mit dem Haarstrang unmittelbar verbindet, ohne durch irgendein Flußtal durchbrochen zu sein. Dieser Bergwall gegen Süden, Osten und Nordosten spielt eine wichtige Rolle in der Geschichte Westfalens. Er hat die Blicke seiner Bewohner von dem, was jenseits dieser Berge vorging, abgewendet, ihre Verbindung mit dem Reiche gelockert und geschwächt und dem natürlichen Zuge ihrer Entwicklung eine Richtung nach dem Niederrhein und den Niederlanden hin gegeben. Besonders ist dies der Fall im Flußtal der Ems, das wir vom Stromberg aus weithin überschauen, wie es, anfangs nach Nordwest gerichtet, sich da, wo in der Ferne die Türme von Münster auftauchen, ganz nördlich wendet. Die Aussicht von der Höhe des Strombergs herab beherrscht die prachtvoll liegende alte Kreuzkirche, ein berühmter Wallfahrtsort mit einem wundertätigen Kruzifix, das in einem schönen kapellenartigen Holzschnitzwerk als Gehäuse aufbewahrt wird. In alter Zeit erhob sich da oben neben der Kirche noch eine mächtige und berühmte Ritterburg, zu welcher eine der ,,vier Burggrafschaften des Reichs'' gehörte. Der letzte der Burggrafen von Stromberg war Johannes VI. ,,ultra omnes suos progenitores divitiis exaltatus et castro fortificatus'', wie es in der Chronik heißt. Im Trutz auf die feste Burg zu Stromberg und sein Schloß zu Krassenstein ließ sich Johannes verleiten, in Raubzügen und verwegenen Taten jenes Maß zu überschreiten, über welches hinauszugehen auch im 14. Jahrhundert gefährlich werden konnte. Der rastlose Bischof Florenz von Wevelinkhoven zu Münster erwirkte deshalb wider ihn von Kaiser Karl IV. die Acht und setzte sie mit entschlossener Hand ins Werk. Er zog mit den Feinden des Ächters vor dessen Burg und brach seinen gewaltigen Turm und den steinernen kostbaren Hausbau daneben; Burggraf Johann mußte flüchtig aus der Halle seiner Väter scheiden, um sie nie wiederzusehen. Er trieb sich nun in Westfalen und Sachsen umher, bei andern, seinem geistlichen Verfolger aufsässigen Dynasten, und man sieht aus den einzelnen Andeutungen der Chroniken, wie jene seinen unauslöschlichen Haß wider den Bischof Florenz schürten und benutzten, um an ihm einen verzweifelten und nicht zu bändigenden Streitgesellen zu haben. Zuletzt, um 1377, fand er jenseits der Weser in Rehburg im Kalenbergischen und in Grubenhagen bei Einbeck Aufnahme; aber es litt ihn dort nicht, es zog ihn gen Westen in seine westfälische Heimat zurück. Hier ist er auf irgendeine Weise jedoch in die Gewalt des Bischofs geraten, der ihn in Bredevort in der Diözese Uitrecht (Florenz war ebenfalls in Uitrecht Fürstbischof) gefangensetzte. Johann hinterließ keine männliche Nachkommenschaft und mit dem Burggrafentum von Stromberg wurden seitdem die Bischöfe von Münster belehnt, führten auch auf den Reichstagen als solche ihre Stimme.

Nachdem wir Oelde verlassen haben, tauchen bald, ganz gen Süden, andere Höhen, welche den Horizont schließen, vor uns auf. Sie trennen uns vom Tale der Lippe, welche jenseits strömt, und es ist sehr möglich, daß diese Höhen der klassische Boden, die als Zankapfel der Gelehrten so bekannte, sonst aber leider noch unbekannte famose Stelle: ,,wo Hermann den Varus schlug'', sind. Erst in neuerer Zeit ist man zu dieser Hypothese gekommen, oder besser zurückgekommen, denn bei ältesten Schriftstellern findet sie sich bereits, namentlich bei Johannes Cuspinianus, der der Mitte des 16. Jahrhunderts angehört, und in dem 100 Jahre später herausgekommenen Atlas von Janson, worin die Notiz: ,,circa hos saltus periisse videtur Q. Varus cum tribus legionibus'' sich neben jenen Bergen befindet. Die Entscheidung der Frage ist deshalb so mißlich, weil sich aus den Quellen, deren hauptsächlichste die Erzählung des Dio Cassius bildet, gar nicht ermitteln läßt, wo das römische Heer unter Varus sein Standlager in Westfalen hatte. Das aber ist unwidersprechlich, daß dies Heer die Niederlage erlitt, indem es sich auf dem Rückmarsche, dem Rhein zugewendet befand. Schon aus einer einfachen Ursache, die, soviel wir wissen, keinem der gelehrten Herren, welche über diese Frage Bücher geschrieben haben, eingefallen ist. Die Germanen hatten einen Aufstand erregt, um den Imperator zur Dämpfung desselben von seinem Standorte wegzulocken. Es wäre nun sehr töricht von ihnen gewesen, hätten sie diesen Aufstand da, wo Justus Möser und andere Autoritäten dieser Frage ihn suchten, veranstaltet, nämlich weit vorwärts in den deutschen Wäldern, gen Nordosten hin. Mußte sich der Kriegsrat dieser tapferen Enkel Teuts nicht sagen: Wer bürgt uns, daß der römische Feldherr so leichtsinnig ist, im Spätherbst mit seinem troßreichen Heer aufzubrechen und sein Standlager zu verlassen, um sich, zur Dämpfung eines Aufruhrs weit im Nordosten, mit unverzeihlicher Unbesonnenheit in unsere Urwälder zu stürzen? Mußten sie sich nicht sagen: Damit wir sicher sind, daß Varus sein verschanztes Lager wirklich verläßt und wir die Vorteile, ihn auf dem Zuge durch die Wälder angreifen zu können, erlangen, ist es nötig, daß der zu erregende Aufstand ihn zwinge, aufzubrechen, daß derselbe mithin an einer Stelle angestiftet werde, von wo aus er die Verbindung der Römer mit ihrer Operationsbasis am Rhein bedroht? Dies scheint einleuchtend und deshalb wurde der fragliche Aufstand wohl ohne Zweifel im östlichen Teile des Herzogtums Westfalen — wie alle Wahrscheinlichkeit dafür ist, bei den Marsen erregt. Die ganze Erzählung des Dio zeigt denn auch den Varus auf einem

Marsche, auf welchem er den Aufstand zu unterdrücken und zugleich seinen Rückzugspunkten sich zu nähern beabsichtigt haben muß. Zu einer Art Kabylenexpedition*) weiter vorwärts ins Innere des Landes würde er sicher nicht den ganzen Troß, alle Weiber und Kinder mitgenommen haben; und was noch sicherer, er würde, in so arge Not geratend, nicht wie ein Stier immer weiter vorwärtsgerückt sein, sondern Dio würde uns sagen: so angefallen und bedrängt und die Hoffnung, seinen Zweck, die Unterwerfung einer fernen empörten Völkerschaft zu erreichen, aufgebend, befahl der Feldherr den Rückzug!

Sieht man nun nach dem saltus, der Waldhöhengegend sich um, wo Armin und Segimer die Legionen des Augustus schlachteten, so bleibt nicht wohl eine andere, durch ihre Beschaffenheit und ihre Lage den Angaben der Quellen entsprechende übrig als jene oben bezeichneten Höhen, die uns eben auf unserer Reise den Blick gen Süden begrenzen. Die Berggegend bei Detmold, die nach der verbreitetsten Annahme im glücklichen Besitz des Schlachtfeldes ist, scheint uns dazu viel zu weit vom Rhein entfernt. Nach Dio Cassius ließen nämlich am dritten Schlachttage die Deutschen von der Vernichtung des Restes der Legionen ab, in der falschen Meinung, der am Niederrhein (wahrscheinlich in Xanten) stehende Legat Asprenas komme den Römern zu Hilfe; in der Tat, heißt es dann, kam ihnen, sobald er das Unglück hörte, Asprenas zu Hilfe, so daß noch manche der Tapfersten gerettet wurden. Dies aber wäre eine reine Unmöglichkeit gewesen, wenn der Bote mit der Unglücksnachricht den weiten Weg aus der Gegend nördlich der „Dörenschlucht" bis zum Niederrhein hätte machen müssen; Asprenas wäre dann sicherlich mit seiner Hilfe zu spät gekommen! Aus diesen und vielen anderen

*) Worterklärung: Kabylen - Berberstamm im heutigen Algerien

Gründen*) scheint danach jenes lippische Gebirge sich nur usurpatorisch des Namens Teutoburger Wald — das Wort taucht nur ein einziges Mal mit Beziehung auf diese Schlacht im Tacitus auf — bemächtigt zu haben, und wenn das Hermannsdenkmal auf der Grotenburg nicht vollendet ist — wer weiß, ob nicht, wie das Böse seine Dämonen, auch die Wahrheit ihre kleinen boshaften Geister habe, die das Unternehmen nicht zustande kommen ließen, weil der alte Cheruskerkönig nun einmal auf die Grotenburg nicht gehört?

Unsere nächsten Stationen sind Beckum und Ahlen. Jenes ist das Schilda oder Schöppenstädt von Westfalen, ohne daß wir den Grund anzugeben wüßten, was bei der Erhebung dieser Stadt zur Zielscheibe des provinziellen Witzes gerade für sie den Ausschlag gegeben hat. Von allen ist nur die tragikkomische Art und Weise zu berichten, wie in seinen Mauern dem Luthertum durch die Weiber der Garaus gemacht wurde. Der von Osten her sich verbreitenden Reformation schlossen sich die östlichen Städte des Münsterlandes bald an, als die Hauptstadt die Beute des religiösen Haders geworden war. Die westlich liegenden dagegen verharrten auf der Seite der Altgläubigen. In Ahlen gab man sich der neuen Strömung der Geister mit großem Eifer hin, lief Sturm gegen die Bilder und sah sich nach einem tüchtigen Prediger der reinen Lehre und des geläuterten Wortes um. Nun war ein gelehrter und gescheiter Mann in der Stadt, Lehrer der lateinischen Schule und Stadtschreiber, gebildet zu Wittenberg, namens Cotius. Auf ihn, der aus seinen religiösen Überzeugungen

---

*) Wer für den Gegenstand sich interessiert, dem empfehlen wir ,,Die Niederlage des O. Varus und Germanicus' Kriegszug durchs Bructererland'', von Reinking (Warendorf 1855). In dieser kleinen Schrift sind die bisherigen Ansichten mit großer Klarheit zusammengestellt und geprüft.

niemals Hehl gemacht hatte, richteten sich aller Augen. Aber Magister Cotius war ein vorsichtiger Mann. Er zog vor, in zweiter Linie zu bleiben und andere Prädikanten das Eis brechen zu lassen. Erst als durch diese der Gottesdienst und das Predigtamt eingerichtet war, gab er erneuten Bitten nach und übernahm die geistliche Leitung der nach dem lautern Evangelio dürstenden Gemeinde; aber vorher mußten ihm Rat und Bürgerschaft einen feierlichen Eid schwören, daß sie nun und nimmermehr von der neuen Lehre ablassen, vielmehr Gut und Blut mit ihrem Prediger opfern und bis in den Tod bei ihm ausharren wollten. Dieser Eid wurde freudig geschworen und Cotius wurde nun Rektor der Hauptkirche.

Die Kirchen der Stadt wurden jedoch nach altem Recht von den Mönchen des adeligen Gotteshauses Kappenberg besetzt, und unter der geistlichen Genossenschaft dieses Klosters war einer, der den Verlust solchen Patronatsrechts nicht zu verwinden vermochte. Er hieß Johann Harmen zu Haaren und gehörte einer seit je durch unbändige Wildheit und Rauflust sich auszeichnenden Familie an, aus der Gottfried von Haaren bekannt ist durch das mit dämonischer Bosheit ausersonnene eiserne Halsband, welches er seinem Gegner Lambert von Oer um den Hals schlug, und das noch auf Kakesbeck, dem Stammsitz der Familie von Oer, gezeigt wird. Johann von Haaren nun verschaffte sich unter der Hand von Fürstbischof und Domkapitel die Zusicherung, daß man es mit einem etwaigen kleinen Landfriedensbruche nicht so genau nehmen werde; dann versammelte er Vettern und Freunde um sich und trieb mit einer ansehnlichen Reiterschar an einem nebeligen Septembermorgen 1533, während die Bürger in der Kirche andächtig der Predigt zuhörten, diesen ihr sämtliches Vieh von den Weiden — ein Schaden, der auf 11.000 Goldgulden geschätzt wurde.

Dieser Vorfall übte einen ganz eigentümlichen Einfluß auf die Gemüter: statt zu ergrimmen über die gewalttätigen Gegner und den räuberischen Mönch von Kappenberg, entbrannte heller Zorn wider das ,,geläuterte Wort Gottes'' und wider den Anstifter des Übels, Ehren-Cotius, der allein gemeiner Stadt und Bürgerschaft solche Dinge zugezogen; und noch auf den Stadtweiden, wo man den Schaden besah, erhoben sich Verwünschungen, geballte Fäuste und gezogene Schwerter gegen ihn. Cotius mußte sein Heil in der Flucht suchen: aber die Menge stürzte sich hinter ihm her und nur mit genauester Not erreichte der geängstigte Rektor vor ihr sein Haus, in welchem er sich nun schnell verbarrikadierte. Die Bürger aber zogen die Sturmglocke und verlangten wütend vom Rat, daß er Cotium fassen lasse und an die Kappenberger zum Umtausch gegen die Kühe ausliefere. Männlich widersetzte sich diesem Verlangen der Rat. ,,Das ist ganz und gar untunlich'', ließ Herr Gerhard Ossenbeck, der Bürgermeister, sich vernehmen, ,,wollen wir nicht eidbrüchig werden; denn wir haben alle geschworen, zu Cotio zu stehen bis in den Tod.'' Dieser Einwurf machte die erhitzte Bürgerschaft einen Augenblick stutzig, aber auch nur einen Augenblick, denn alsbald hieß es, das haben nur die Männer geschworen, die Weiber aber nicht, darum sollen die Weiber ihn fangen und ausliefern! Allgemeiner Beifall ward diesem Vorschlage; die Weiber nahmen die Waffen ihrer Männer, andere holten Leitern und Hacken herbei und stürzten nun zum Hause des Rektors, um es zu erstürmen. Die unregelmäßig geführte Belagerung war jedoch nicht glücklich, da die Frau des Rektors Töpfe mit siedendem Wasser bereithielt und eine unerschrockene hartnäckige Verteidigung entgegensetzte; und als sich vollends das Gerücht erhob, Cotius sei schon aus dem Hause entkommen und in anderem Versteck geborgen, zogen die weiblichen

Belagerungstruppen ab. Cotius war allerdings schon aus seinem Hause entschlüpft; vier Tage saß er auf einem Speicher im Stroh versteckt, ohne Nahrung und „von Gott so wunderbar gestärkt, daß er auch gar kein Verlangen weder nach Speise noch Trank empfand'', sagt der Geschichtsschreiber dieses denkwürdigen Aufruhrs; dann halfen die Ratsherren ihm über die Stadtmauer und er entkam glücklich gen Münster. Ahlen aber kehrte von nun an unwandelbar in den Schoß des Katholizismus zurück.

Die nächste Station, welche wir erreichen, ist Hamm. Diese kleine Stadt an der Lippe, welche sich hier durch große und fruchtbare Weideländereien schlängelt, bildet den Knotenpunkt für die zwei großen westfälischen Eisenbahnlinien, die Köln-Mindener und die Westfälische Eisenbahn, welche letztere aus Thüringen und Hessen gen Norden zum Seehafen Emden führt. Hamm hat dadurch einen sehr großen Aufschwung genommen und steigt zusehends an Häuser- und Menschenzahl und an Wohlstand. Überhaupt ist diese Grafschaft Mark, deren Hauptstadt Hamm, ein reich von der Natur gesegnetes Land. Nicht allein besitzt es jene breite Bank üppig-fruchtbaren Kleibodens, der sich vom Paderbornischen im Osten bis weit nach dem Rhein hin gen Westen zieht und, der Hellweg genannt, die gewerbtätigsten, wohlhabendsten Städte Westfalens trägt; es hat daneben die Unzahl ergiebiger Salzquellen, von denen wir nur Unna und Werl nennen; daran schließt sich der fabelhafte Reichtum an Steinkohlenlagern; und um die Schätze des Bodens fortführen zu können, besitzt die Mark jene zwei merkwürdigen Wasserstraßen, die Ruhr und die Lippe, welche nahe nebeneinander her ganz parallel sich dem Rhein zuschlängeln, beide schiffbar, die Ruhr dank dem Eifer und den Bemühungen des Ministers von Stein, der am Ende des vorigen Jahrhunderts, seit 1788, bekanntlich als märkischer Kammerpräsident die preußischen Besitzungen in Westfalen und am Rhein verwaltete, und dann seit 1802 als Oberpräsident von Westfalen die Organisation der neuerworbenen Landesteile übernahm. Die Lippe ist schiffbar gemacht durch die nicht minder eifrige Fürsorge des Herrn von Vincke, welcher Steins Nachfolger als Oberpräsident von Westfalen war und sehr energisch das mühevolle Werk durchführte, das mit gewaltigen Schwierigkeiten zu ringen hatte. Jetzt sind die Schwierigkeiten glücklich überwunden, zahlreiche Kähne bewegen sich auf den besiegten Gewässern, Schleppschiffahrtgesellschaften konstituieren sich, und was mit deren Hülfe die Ruhr- und Lippenachen nicht fortschaffen, das führen die endlosen Güterzüge der Eisenbahnen vondannen. Der steigende Wohlstand infolge steigenden Verkehrs und steigender Arbeitsnachfrage läßt sich am besten am fallenden Werte des Geldes ermessen; und daß das Geld im Werte sinkt, zeigt sich nirgends mehr als in diesen Hauptverkehrsplätzen an den westfälischen Eisenbahnen wie Hamm und Dortmund: das Leben ist hier in diesen kleinen Städten beinahe so teuer wie in den größen Hauptstädten Deutschlands, so daß alles Wehe schreit, dessen Einkünfte sich nicht wie alle Preise verdoppelt haben.

Das kann man nun freilich nicht von denen sagen, welche so glücklich sind, in dieser glücklichen Grafschaft Mark eine Kuxe in einer Kohlenzechengewerkschaft zu besitzen. Wir zweifeln, ob irgendwo in der Welt eine Industrie je so riesenhafte Fortschritte gemacht hat wie der Kohlenbau hier. Wer mithin der alleinige Besitzer von Kohlenzechen ist, wie z.B. die Freiherren von Fürstenberg und Romberg, oder wie einige reiche Einwohner der Stadt Dortmund, der sieht seine Einkünfte in einer wahrhaft traumhaften Weise vergrößert; aber auch die Inhaber von einzelnen Kuxen oder nur Kuxanteilen (die Kuxen werden meistens in Sechzehnteile geteilt, während ein einzelnes Bergwerk, ,,die Zeche'', 130 Kuxen enthält, von denen zwei dem Eigentümer des Grundstücks zufallen, auf welchem geschürft ist) ziehen glänzende Renten von den Unternehmungen, die sich natürlich jetzt zahlreich und fast beängstigend ohne Aufhören vermehren. Beinahe in gleichem Maße steigt die Zahl anderer industrieller Unternehmungen, besonders die Metallindustrie, die Eisenhütten, die Messinggußwaren-, die Stahlfabriken u.s.w., während die älteren Etablissements sich ausdehnen und immer großartigere Verhältnisse annehmen. — Puddel- und Walzwerke sind in reger Tätigkeit, auch der Galmeibergbau erfreut sich eines schwunghaften Betriebs. Das wichtigste aber ist die Tätigkeit der Hochöfen. Davon waren im westfälischen Hauptbergdistrikt im Jahre 1853 schon zwölf im Betriebe. Die Produktion dieser Öfen an Roheisen und Gußwaren, welche im Jahre 1837 nur 100.000 Zentner betrug, hatte sich auf 600.000 Zentner im Jahre 1853 gesteigert (mit einem Verbrauch von 410.000 Zentnern Koks im Jahre 1853); im Jahre 1854 aber hat sie bereits die Höhe von 1.233.940 Zentnern erreicht, mit einem Verbrauch von 850.000 Zentnern Koks. Die Ziffer von 1855 ist: 2.037.670. Das Koksroheisen wurde zum bei weitem größten Teil aus nassauischen Braun- und Roteisensteinen erblasen. Doch hat man auch im Ruhrkohlenbassin Blackband oder Kohleneisenstein entdeckt, von welchem Erz im Jahre 1852 etwa 15.000 und 1854 schon über 200.000 Tonnen gefördert wurden. Die neuentdeckten Braun- und Toneisensteinlager am südlichen Rande des Ruhrkohlenreviers sind von gleicher Wichtigkeit, und so trägt alles dazu bei, diese Metallindustrie ins Unberechenbare zu steigern. Wir führen nur noch an, daß im Laufe des Jahres 1855 beinahe ein halbes Dutzend neuer Hochöfen in Betrieb gekommen sind.*)

Auf der Pariser Weltausstellung von 1855 war denn auch die Metallindustrie von keiner Seite so glänzend vertreten wie von Westfalen. Einer der Berichte sagt darüber: ,,Das Kohlenbassin der Ruhr ist der Hauptsitz dieser Industrie; man zählt dort gegenwärtig schon 20 große Kokshochöfen und eine verhältnismäßige Zahl von Puddelöfen. Von diesen 20 Hochöfen gehören 12 der Gesellschaft ,Phönix'. Diese Gesellschaft besitzt jetzt bekanntlich die Hochöfen zu Borbeck bei Dortmund, die Hochöfen und Eisenhämmer zu Ruhrort, die Hochöfen zu Kupferdrey und den Eisenhammer zu Eschweiler. Außer verschiedenen Arten von Schienen und sonstigen Eisengußfabrikaten erwähnen wir einen runden eisernen Baum, welcher 66 Zentner wiegt; derselbe hat 27 Zentimeter (etwas über 8 Zoll) Durchmesser, 21 Fuß Länge, und ist das größte Stück gehämmerten Eisens, das sich auf der Ausstellung befindet. Alle Fachmänner bewundern dieses seltene Stück und lassen dem Etablissement, aus dem es hervorgegangen ist, die verdiente Anerkennung widerfahren. Um der Wahrheit die Ehre zu geben, müssen wir hinzufügen, daß der Leiter der Gesellschaft ,Phönix' ein Franzose, Namens Detillieux, ist, welcher zuerst das englische Verfahren im Ruhrdistrikte heimisch gemacht hat. Sämtliche Hütten der Gesellschaft beschäftigen 6380 Arbeiter und verarbeiten jährlich 170.000 Tonnen Eisenerz, 215.000 Tonnen Kohle, 53.000 Tonnen Gußeisen und 32.000 Tonnen Eisen. Außerdem ist der Ruhrdistrikt durch die Eisenwerke von Jacobi, Haniel und Huyssen in Sterkrade und Oberhausen, vorzüglich aber durch die

---

*) Vergl. die Schrift von Oechelhäuser: ,,Die Eisenindustrie des Zollvereins'' (Duisburg 1855). Über Hamm und die Grafschaft Mark im allgemeinen verweisen wir auch auf die Notizen in unserm Büchlein: ,,Eine Eisenbahnfahrt durch Westfalen.''

herrlichen Fabrikate von Krupp in Essen vertreten. Man behauptet nicht zu viel, wenn man sagt, daß diese Kruppsche Ausstellung der Glanzpunkt der ganzen Metallindustrie ist, soweit sie im Industriepalast vertreten ist. Niemals hat man so ungeheure Stücke Gußstahl gesehen wie die, welche Herr Krupp ausstellt. Wir erwähnen namentlich einen Block, welcher 100 Zentner wiegt, ferner eine Wagenachse, welche eine Last von 130 Zentnern tragen kann, endlich eine Kanone aus Gußstahl, von zwölfpfündigem Kaliber und 10 Zentner schwer. Unter den übrigen Ausstellern von Gußstahl können nur die Engländer Jackson und Comp. mit Krupp in die Schranken treten."

Bei der außerordentlichen Wichtigkeit des Kohlenbergbaus geben wir über diesen noch folgende statistische Notizen. Die gesamte Steinkohlenförderung im westfälischen Hauptbergdistrikt betrug im Jahre 1855 nicht weniger als 16.582.614 Tonnen, die Tonne zu 4 Scheffel, 22 Prozent mehr als im Vorjahre; der Wert dieser Produktion berechnet sich auf nahe an 9 Millionen Taler, 46 Prozent mehr als im Vorjahre; beschäftigt wurden 19.977 Arbeiter, welche im ganzen eine Bevölkerung von 55.000 Köpfen darstellen. Jeder Arbeiter förderte im Jahre 1855 ungefähr 700 Tonnen.

Auf der Ruhr sind 1854 allein 2.324.500 Zentner Kohlen mehr als im Vorjahre 1853 verschifft worden; und im Jahre 1855 sind nach den neuesten Zusammenstellungen auf der Ruhr sowie in den Häfen zu Duisburg und Ruhrort 1.800.000 Zentner mehr als im Vorjahre 1854 verschifft. Und dennoch beträgt die Erhöhung der Kohlenpreise auf denjenigen Fettkohlenzechen des Oberbergamtsbezirks Dortmund, welche mit Eisenbahnen verbunden sind, seit dem Jahre 1852 durchschnittlich mindestens 50 Prozent, während die Ankaufspreise von Kuxen der günstiggelegenen und unter günstigen Verhältnissen bauenden Zechen um das Doppelte und Dreifache gestiegen sind. Der Kuxen eines Bergwerks sind wie gesagt 130; eine solche Kuxe wird bei den besten Zechen mit Preisen bis zu 7000 Talern bezahlt; es gibt freilich auch Bergwerke, wie z.B. die Zeche ,,Elisabeth'' bei Essen, bei denen die Kuxe ihrem Inhaber eine Rente von monatlich 100 Talern abwirft.

Die Preise der Kohlen sind ungefähr 5 Silbergroschen der Berliner Scheffel auf der Zeche; dabei stellt sich für den Betrieb etwa 1 Silbergroschen, bald mehr, bald minder, Gewinn heraus. Der ganze Gewinn, welchen günstiggelegene Zechen, wie die ,,Friedrich-Wilhelm'' oder die ,, Luise Tiefbau'' bei Dortmund im Jahre 1854 abwarfen, belief sich auf 75-80.000 Taler.

Daß bei solchen Verhältnissen auch die Eisenbahnen vortreffliche Geschäfte machen, braucht nicht erwähnt zu werden. Besonders kommt die Kohlenförderung der Minden-Kölner Eisenbahn zustatten und hat nicht wenig zu dem ungeheuren Aufschwunge des Verkehrs auf dieser Schienenstraße beigetragen. Die Einnahme aus dem Güterverkehr der genannten Bahn ist nämlich im Laufe der fünf Jahre von 1849-54 von 827.000 Talern (1849) auf zwei Millionen Taler (im Jahre 1854), das auf einer Meile transportierte Quantum von 65 Millionen Zentnern (1849) auf 240 Millionen Zentner im Jahre 1854 gestiegen.

Mit solcher Entwicklung der Industrie und des Verkehrs sucht denn auch die Landwirtschaft in der Grafschaft Mark gleichen Schritt zu halten. Während wesentliche Verbesserungen im übrigen Westfalen noch wenig Eingang gefunden haben bei dem starren Konservatismus uralt westfälischer Bauernsitte, während der Regierungsbezirk Münster z.B. noch über 25 Prozent seines Bodenraums unangebaut daliegen hat, ist im Regierungsbezirk Arnsberg, wohin die Mark gehört, nur noch zwei Prozent der Bodenoberfläche unbebaut. Doch wirken jetzt auch im übrigen Westfalen die überall zusammengetretenen landwirtschaftlichen Vereine fördernd und anregend: sie haben in dem Jahre 1855 zum ersten Male zu Münster eine große Generalversammlung mit Tierschau, Preisverteilungen u.s.w. gehalten; und wie auch im Ravensbergischen der kleine Grundbesitzer vom alten Schlendrian abzulassen beginnt, haben wir schon früher beobachtet. Hamm besitzt nun ein großes Etablissement für landwirtschaftliche Geräte, in welchem alle möglichen Ackerwerkzeuge und Maschinen mit den neuesten Verbesserungen zum Kauf ausgeboten werden.

Die freundliche alte Stadt Hamm ist sonst ohne Merkwürdigkeiten. Obwohl die Hauptstadt der Grafschaft Mark, ist sie doch zu kurze Zeit Residenz der aus dem Hause Altena und Berg stammenden Grafen gewesen, als daß sie beachtenswerte Denkmale an ihre einstigen Dynasten enthielte. Friedrich I. von Altena erwarb am Ende des 12. Jahrhunderts den Oberhof Mark an der Ahse durch Kauf; sein ältester Sohn Adolf III. begann nun, sich Graf von der Mark zu nennen und wurde Stifter der Linie des großen und berühmten Geschlechts, welche „die Mark'' nach und nach durch Kauf, Eroberung und andere Erwerbsmittel zu einem hübschen Gebiet abrundete, das sie sich vom alten Komitat der westfälischen Grafen abschnitt. Diese Arrondierung war gegen das Ende des 14. Jahrhunderts durch Engelbert III. vollendet; nach Engelberts III. Tode, um 1391, fiel die Herrschaft an den Bruder Engelberts, den Grafen Adolf von Kleve; von nun an blieb sie mit Kleve, das dann später durch Heirat Jülich, Berg und Ravensberg hinzubekam, vereinigt. Nachdem der letzte Herrscher aus dem alten Hause, Johann Wilhelm, 1609 in Düsseldorf gestorben und der daraus entstandene Erbfolgestreit durch den Düsseldorfer Vergleich von 1624 endgültig geschlichtet worden, fiel die Mark an Preußen und blieb in dessen Besitz bis zum Tilsiter Frieden 1808; von Napoleon dem Großherzogtum Berg einverleibt, kehrte sie 1814 unter das preußische Zepter zurück und bildet nun einen Bestandteil des Regierungsbezirks Arnsberg; doch ist Hamm der Sitz des Appellationsgerichts.

Nachdem die Eisenbahn bei Hamm die Lippe überschritten hat, wendet sie sich der alten Freien Reichstadt Dortmund zu. Die nächste Station ist Camen, in dessen Nähe das Dörfchen Methler liegt, mit der interessanten kleinen Dorfkirche aus der Blütezeit des romanischen Stils, an welcher nicht allein die förmliche Verschwendung von herrlichster Skulpturornamentik auffällt, sondern auch der innere Schmuck durch ganz ausgezeichnete Wandmalereien, welche unlängst Lübke, der Verfasser der „Mittelalterlichen Kunst in Westfalen" darin entdeckt und von den dicken Kalkschichtdecken bloßgelegt hat. Die kostbare Ausschmückung der Kirche eines so verlassenen einsamen Dorfes ist wohl nur zu erklären, wenn man annimmt, daß sie von einem der märkischen Grafen herrühre, welche zuweilen ihren Sitz in dem nahen Städtchen Camen hatten.

Zur Rechten, auf der niedrigen Hügelreihe, welche jenseits der Lippe den Horizont schließt, verbirgt sich hinter der Waldkrönung ein stattliches Schloßgebäude. Dies ist Kappenberg. Ein eigentümliches Ereignis, ein psychologisches Phänomen, in welchem der mittelalterliche Geist religiöser Hingabe so hervorleuchtend wie in keinem anderen sich spiegelt, hat es verhindert, daß nicht die deutsche Landkarte heute um einen souveränen kleinen Staat reicher ist — um ein Fürstentum Kappenberg nämlich. Die alte Prämonstratenserprobstei, aus welcher die heutige Standesherrschaft erwachsen, ist nämlich an der Stelle eines großen und glänzenden Fürstenschlosses errichtet, in welchem einst das vornehmste und auch reichste

Dynastengeschlecht Westfalens seinen Stammsitz hatte. Die Grafen von Kappenberg waren mit den sächsischen und mit den hohenstaufischen Kaisern verwandt; der letzte Träger des Namens, der Graf Otto, hatte den großen Kaiser Friedrich den Rotbart über der Taufe gehalten. Ganz ohne Zweifel hätten diese Grafen mit ihren reichen durch Westfalen, die Wetterau und Schwaben zerstreuten Gütern, ihrem großen Lehnshofe und ihrem abgerundeten Besitze um den Stammsitz her sich wie so viele andere, weit weniger angesehene Dynastengeschlechter zu souveränen deutschen Fürsten gemacht, hätte nicht Graf Gottfried von Kappenberg den merkwürdigen Entschluß gefaßt, an den sich der Untergang des Geschlechts knüpft.

Es war zu einer Zeit, wo das in eigentümliche Roheit und sittliche Verkommenheit verfallene Westfalen noch obendrein durch die langen Fehden zwischen den Kaisern Heinrich IV. und Heinrich V. und den Sachsen in einen wahrhaft entsetzlichen Zustand geraten war. Der Anblick, den das Land darbot, die Sitten, welche herrschten, die überall waltende Ruchlosigkeit scheinen auf den Grafen Gottfried einen so tiefen Eindruck gemacht zu haben, daß er es nicht mehr ertrug, inmitten einer solchen Welt zu stehen. Es wurde ihm des Grauens zuviel. Er fühlte das Bedürfnis, sich durch einen großen Entschluß aus dieser Welt voll Elend und voll Frevel zu retten. Und so stiftete er nicht etwa bloß ein Kloster wie viele andere reiche Dynasten vor ihm und nach ihm — nein, er schenkte alles und jegliches was er besaß der Kirche, seine junge widerstrebende Frau mit eingeschlossen und die unübersehbare Zahl der darüber empörten Vasallen und Ministerialen nicht minder. So nur glaubte der schöne und junge Dynast mit den blonden Locken und den glänzenden Augen Ruhe finden zu können in dieser entsetzlichen Welt, in welcher er doch eine so hohe und bevorzugte Stelle einnahm.

Die Geschichte von der Durchführung seines Entschlusses ist ein anziehendes Stück mittelalterlicher Romantik.

Es hatte seit je frommer Sinn im Hause der Grafen von Kappenberg geherrscht. Graf Hermann war sogar als Wundertäter verehrt worden; in seinen Enkeln Gottfried und Otto, den letzten Grafen, kehrte erhöht die Denkart des Ahnen wieder. Die Knaben Gottfried und Otto wurden mit zwei Schwestern und einer Base Gerberge von einem frommen Burgpfaffen Wichmann erzogen, und dieser scheint früh ihren Gemütern den Samen der Gottesfurcht eingepflanzt zu haben.

An dem südlichen Abhange des Berges, den ihre Stammburg krönte, stand von schattigen Buchenwipfeln überzweigt eine Kapelle der heiligen Jungfrau; dorthin führte der Priester die Kinder, wenn sie ins Freie schweifen wollten, und fesselte durch seine Legenden von der minniglichen Königin der Engel ihre jungen Herzen. Als sie erwachsen waren, nahm die Base Gerberge im Kloster Unserer lieben Frauen zu Münster den heiligen Weihel; Gottfried aber nahm, als er Graf geworden, die schöne Jutta von Arnsberg zur Gemahlin und führte sie unter glänzenden Ritterspielen auf Kappenberg ein. Er liebte sie treu und innig und weilte bei ihr daheim, bis eines Tages der Name des großen Norbert, der in Köln eingezogen war, ihn in die heilige Stadt am Rhein lockte. Es war im Jahre 1122, als Graf Gottfried die Predigt des wunderbaren Mannes anhörte, der, die Flammen eines Apostelgeistes ausatmend, durch den Hauch seiner Rede das fromme Herz des Gebieters von Kappenberg wie weiches Wachs zerschmolz. Gottfried war frohen Mutes, mit hochstrotzendem Zimier in das Tor der vieltürmigen Stadt eingeritten; er verließ es gesenkten Hauptes und beklommener Brust; er wollte, so war er entschlossen, aus seinem Hause ein Kloster stiften und all sein Gut dazu tun und selbst ein Mönch werden und sein Weib von sich senden. Anfangs lachte man seines Plans, dann wurde Otto, sein Bruder, heftig; Jutta weinte; und als er dennoch darauf bestand, da, sagt der Chronist, hatte der arme Gottfried viel zu leiden; der Bischof Theodorich von Münster schalt es Unsinn, das Stift der besten Markburg zu berauben; Gottfrieds Diener begannen an ihres Herrn Verstand zu verzweifeln, und die Vasallen, die wohl ihre beiden Hände bei der Lehnhuldigung einem jungen Helden, einem Sohne Wittekinds kniend in die seinen legen, aber nicht vor kahlgeschorenen Glatzen sich bücken wollten, sagten geradezu, er sei wahnsinnig geworden.

Aber waren die Menschen auch dem frommen Beginnen entgegen, Gottfried blieb standhaft und gefestet durch höhere Offenbarungen. Der Base Gerberge, die unterdes Äbtissin geworden, war im Traum ein glänzender Jüngling erschienen und hatte ihr ins Ohr geraunt: „Wie schön wäre Kappenberg zu einem Gotteshause!" Durch die Säle von Kappenberg selbst schritt nächtlich niemand Geringeres als der heilige Augustinus, als wolle er bereits Besitz ergreifen für die Kirche. Endlich ritt eines Tages ein seltsam aussehender Mönch auf einem grauen Eselchen in den Burghof ein. Der Torwart hätte gewiß die Zugbrücke vor ihm aufgezogen, hätte er das Männlein erkannt; aber er erriet zu spät, wen er eingelassen, als er seinen Gebieter in namenloser Freude ihm entgegenstürzen sah; es war St. Norbert selbst, der also demütig angeritten kam. Damit war die Sache aber auch entschieden; der barfüßige, in ein Gewand aus Lammfellen gehüllte Mönch hub an zu predigen, und siehe, die widerstrebendsten Gemüter wurden weich und über den zornigen Otto selbst kam der Geist, daß er seines Bruders Eifer zu überstürmen schien. Nur der armen Jutta mußte die Einwilligung abgerungen werden. Den Bischof Theodorich stimmte ein Verweis seines Metropoliten von Köln um, und so gab denn auch er seine Einwilligung und weihte endlich mit großer Feierlichkeit unter der Assistenz des Heiligen selbst, als ersten Propstes, das Schloß den Prämonstratensermönchen zum Kloster ein, trotz des Tumults der hörigen Leute, welche die Pfaffen verjagen und Gottfried als Wahnsinnigen gefangennehmen wollten. Ein Frauenkloster ward zu gleicher Zeit am Fuße des Berges errichtet, das Jutta, Beatrix, die Schwester Gottfrieds, und eine Freundin, Adelheid, Gräfin von Oldenburg, bezogen.

Zu jener Zeit aber war ein wilder gewaltsamer Mann in Westfalen, aus dem Hause der Billung geboren, mächtiger und kriegsberühmter noch als die Grafen von Kappenberg; es war Juttas Vater, Graf Friedrich der Streitbare von Arnsberg, dessen Faust mit dem Schwerte verwachsen schien, dessen Burgen nicht still wurden von dem Jammern Bestrickter in seinen Verließen. Der geriet in großen Zorn, als er vernahm, was auf Kappenberg sich begeben, daß man seine Tochter ins Kloster stecken wollte und daß die Kirche haben sollte, was jener als Wittum ausgesetzt war; mit Rossen und Reisigen lag er eines schönen Morgens vor dem neuen Kloster und drohte, er wolle den heiligen Norbert an einem Wagbalken aufhängen und seinen Esel daneben, um zu sehen, wer schwerer sei. Die Mönche oben, die Norbert von Prämontre herübergeholt hatte, bereiteten sich zum Tode vor, denn daß man rasch die Tore verriegelte und die Zugbrücken aufzog, versprach wenig Schutz, weil keine streitbaren Männer da waren, auf den Mauern zu stehen. Nur Gottfried blieb ruhig; hatte er doch früher schon seinem rauhen Schwiegervater keck ins Gesicht gesagt: ,,Ihr scheint zu glauben, Ihr wäret im Mittelpunkte der Welt und alles müsse nach Euerm Willen sich um

Euch bewegen; der liebe Hergott selbst ist vor Euerm Schwerte seiner Güter nicht sicher. Was macht Ihr aus allem, was Ihr Euer eigen nennt? Wie seid Ihr mit der einzigen Tochter Euers Bruders verfahren, so Ihr grausam unter Schloß und Riegel habt gehalten?'' Dann schüttelte er ihm den Bart und sprach: ,,Lieber Herr! Ihr seid jetzt noch ein großer Mann, ein Fürst der Welt, aber Euer Haar und Eure Wangen sind gebleicht, mögt wollen oder nicht, auch Ihr müßt sterben und den steifen Nacken in den Staub beugen. Bestellt Euer Haus, daß Ihr nicht jenseits zu den Untersten geratet.'' — Und so fürchtete er ihn auch jetzt nicht, so drohend die Gefahr; und in der Tat, ohne einen Sturm zu wagen, zog Friedrich plötzlich wieder ab mit seinen Gesellen. Er wandte sich, bittere Klage führend, an den Kaiser; dieser jedoch bestätigte 1123 die Stiftung und Gottfried konnte eine Zeitlang ruhig der Vollendung seines Werks leben. Er warf den gräflichen Schmuck von sich, nahm die Tonsur, pflegte die Kranken, betete in Tränen gebadet; in halb ritterlicher, halb mönchischer Kleidung schritt der schöne, kräftige junge Mann mit großen leuchtenden Augen (oculis stellantibus) voller Anmut, voll süßer Gabe der Rede durch die Reihen seiner Mönche, die ihn wie einen Heiligen verehrten. Als ihm einer derselben klagte über die Strenge der Disziplin, da sprach er: ,,Wißt Ihr, was die Fährleute tun, so über den Rhein setzen wollen? Sie stoßen den Kahn eine gute Strecke stromaufwärts von dem Orte ab, an dem sie jenseits landen wollen, und doch haben sie Mühe, mit guten Ruderschlägen das Ziel zu erreichen.'' Der heilige Norbert sagte von Gottfried: wie man sage, daß ein abgehetzter Hirsch einen andern für sich aus seinem Lager auftreibe, und dieser nun für ihn vor der verfolgenden Meute seinen Lauf beginne, so habe ihm, dem Müden, die Vorsehung den Grafen Gottfried erweckt.

Unterdes hatte Jutta still in ihrem Klösterlein unten am Berge ihre Tage verlebt, ob resigniert oder sich zu den Freuden der Welt zurücksehnend, vielleicht gar ohne des frommen Gebieters Ahnung in Verbindung mit ihr — das hat niemand der Nachwelt aufgezeichnet; man weiß nur, daß sie eines schönen Tages aus ihrer Klause plötzlich von einem Ritter, den die Chronik Franco nennt, entführt wurde. Gottfried sah den Räuber und stürmte ihm, wie er war, wehr- und waffenlos nach; als er ihn eingeholt, da legte jener die Lanze ein und wollte den Verfolger durchbohren; aber betroffen von der Ruhe des Grafen, der ihm fest entgegentrat, wandte er still sein Roß und ritt mit seiner Beute weiter. Gottfried griff nun zu dem verlassenen Waffengeräte wieder und hub sich mit allem, was von Mannschaft um ihn war, in den Stegreif. Doch erst über dem Rhein holte er Franco wieder ein und brachte Jutta in ihre Klausur zurück; aber als er heimkam, siehe, da war aus seiner Arche noch eine Taube mit einem Myrtenzweige geflogen, und diese kam nicht gleich jener zurück: seine Schwester Beatrix war von einem Ritter von Erpenrode entführt.

Im Jahre 1125 zogen Gottfried und Otto nach Prämontre und ließen sich mit großem Pompe zu Akoluthen des Ordens einweihen, legten die Gelübde ab und lebten nun ganz der Erfüllung klösterlicher Pflichten. Sie stifteten noch sieben Gotteshäuser aus ihren zerstreuten Gütern, von denen übrigens auch die Bischöfe von Mainz, Köln und Münster große Stücke an sich rissen; zwei Schlösser und Ortschaften handelte Herzog Friedrich von Schwaben seinem frommen Vetter für Reliquien ab, für Blumen, welche die Mutter Gottes in der Hand hatte, als der Engel Gabriel zu ihr trat, und andere kostbare Sachen. Die reiche Erbschaft des Grafen von Arnsberg, der, wie die Mönche erzählten, zur Strafe plötzlich über Tafel auseinandergeborsten sein soll, schlug Gottfried aus; was bedurfte er des

Reichtums? Seine Nahrung bestand oft tagelang aus Wasser und Brot; schon früher hatte Gottfried gesagt, er gäbe nicht eine Feder seines Helms für all den Reichtum seines Schwähers. „Wahrhaftig, Bruder, was soll ich dir weiter sagen, dieser Mann saß auf festem Grunde", pflegte später ein alter Mönch zu sprechen, wenn er, der in seiner Jugend den Grafen gekannt, nach ihm gefragt wurde. — Es war in einer der letzten Nächte des Jahres 1126, als die Äbtissin Gerberge, die stets mit besonderer Liebe an dem Vetter gehangen, plötzlich die Tür ihrer Zelle sich öffnen sah und der fromme Graf vor ihr Lager trat; erstaunt richtete sie sich auf, es glänzte ein goldenes Diadem auf seiner Stirn, ein wunderbares Leuchten ging von seiner Gestalt aus; sie fragte: „Wie gehst du so gekrönt einher?" Da antwortete er: „Ich bin ohne Gericht in den Palast des großen Königs aufgenommen und wie seinen Sohn hat er mich gekrönt mit dem Diadem seliger Unsterblichkeit", und auf seiner Krone las Gerberge die Worte: „Der Herr hüllte mich in das Kleid des Heils und schlug um mich den Mantel der Seligkeit und setzte wie einer Braut die Krone mir auf." Darauf verschwand die Gestalt; bald nachher aber kam die Kunde, zu Ilmstedt in der Wetterau sei in jener Nacht Graf Gottfried in seinem dreißigsten Jahre in seines Bruders Otto Armen verschieden. Er ward zu Ilmstedt, einer Norbertinerpropstei, die er gestiftet, begraben und in die Zahl derjenigen gerechnet, welche die Kirche beati, Selige, nennt; später ließ sein Bruder die Hälfte seiner Hülle nach Kappenberg bringen.*)

---

*) Das Denkmal über seinem Grabe zu Ilmstedt findet sich abgebildet in Möllers „Sammlung der merkwürdigsten altdeutschen Baudenkmale". Eine schöne silberne Schale, ein Patengeschenk von Friedrich Barbarossa an die letzten Grafen von Kappenberg, ist nach der Aufhebung des Klo-

Die Stiftung Gottfrieds in Kappenberg bestand bis zum Jahre 1803; sie besaß in der letzten Zeit ihres Daseins den traurigen Ruhm, der üppigste Konvent im Lande zu sein. Ein Propst stand an der Spitze, ihn umgaben die Kapitularherren, deren nur sechs da waren — der erste Würdenträger unter ihnen war bezeichnenderweise der Herr ,,Kellner''! In der Tat, es war Zeit, daß des streitbaren Arnsberger Prophezeiung sich erfüllte: ,,Solche Burg kann nimmer der feige Mönch bewohnen, man wird sie einst wieder vondannen treiben und ein edler Ritter wird ihre Stelle einnehmen.''

Dieser edle Ritter war der Reichsfreiherr von Stein. Stein hatte Kappenberg, die Staatsdomäne, im Tausch gegen die in Preußen liegende Herrschaft Birnbaum erhalten, und der König hatte es mit den Rechten einer Standesherrschaft begabt. Seit dem Jahre 1824 wählte es der greise Staatsmann zu seiner beständigen Residenz für den Winter wie Sommer; er hatte das unfern liegende bedeutende Rittergut Scheda hinzugekauft und wirkte rastlos für die Verbesserung und Verschönerung der beiden Besitzungen. Nur kürzere Reisen oder seine Teilnahme an den westfälischen Provinziallandtagen, denen er als Marschall vorsaß, pflegten ihn dieser ländlichen Zurückgezogenheit zu entreißen. Doch folgte er mit gespannter Aufmerksamkeit von ihr aus den politischen Bewegungen der Zeit. Die Julirevolution, die Trennung Belgiens von Holland waren das, was ihn davon zumeist erregte und erschütterte; auch über die Behandlung der Polen vor und nach dem Aufstande von 1830 war der alte zornige Mann nicht wenig ergrimmt. Die großen Bewegungen des Jahres 1830 warfen die

sters an die Großherzogin von Weimar gekommen, wo Goethe sie lithografieren ließ und an mehrere Gelehrte sandte, um deren Ansichten über ihren Ursprung zu erfahren.

letzten Schwingungen ihrer mächtigen Wellen in das damals so stille Westfalen hinein, und dabei hätte der Reichsfreiherr von und zum Stein beinahe Gelegenheit erhalten, der Welt zu zeigen, daß die Prophezeiung des kriegerischen Arnsberger Grafen sich ganz und voll erfüllt habe.

Es war in jener Zeit nämlich, als Stein eines Abends nach seinem Faktotum, dem Rentmeister und Oberförster Poock sandte. Als dieser ins Zimmer trat, kam Stein eilends auf ihn zu und rief: „Ich habe geheime Nachricht erhalten, daß diesen Abend Kappenberg von 500 Mann aus Bork (einer benachbarten Bauerschaft) überfallen, gestürmt und geplündert werden soll. Nun gehen Sie und laden meine und alle Gewehre, welche im Hause sind, wir wollen uns wehren bis auf den letzten Mann; denn ich weiß es, kommen sie herein, dann nehmen sie den Hund mit und lassen mir den Schwanz." Der Oberförster Poock war aber eben von jenem Orte Bork zurückgekommen und antwortete trocken: „Schlafen Ew. Exzellenz deshalb diese Nacht nur ganz ruhig, denn ich bin erst heute abend von Bork heimgeritten, da ist wohl von einzelnen nichtsnutzigen Kerlen auf der Bierbank so etwas gedroht, es ist aber kein reputierlicher Mensch darauf eingegangen und niemand denkt daran, daß es ernst sei."

Dem Minister schien diese Beruhigung nicht eben übermäßig angenehm zu kommen, wenigstens sagte er: „Das Haus ist eine kleine Festung und wir hätten aus den Fenstern 100 Mann erschossen, ehe einer von uns gefallen wäre, und dann würden sie Reißaus genommen haben. So ist es aber besser und schlafen Sie wohl!" — Es war mit dem alten Herrn bekanntlich nicht immer gut Kirschen essen, das geht unter anderem aus der kurzen Konversation hervor, welche auch Pertz in seiner Biographie Steins mitteilt und welche dieser als Landtagsmarschall mit einem Mitgliede der Provinzialstände hatte. Das ehrenwerte Mitglied bat ums Wort. Steins Antwort war: „Meinetwegen, aber kurz, wenn ich bitten darf." Der Abgeordnete: „Ich werde mich bemühen, möglichst kurz zu sein." Stein: „Und dann etwas Gescheites; bis jetzt habe ich nichts als dummes Zeug von Ihnen gehört." Der Abgeordnete: „Ich bedaure sehr, mit Ew. Exzellenz nicht immer einer Meinung sein zu können." Stein: „Nein, nein, wir haben nichts miteinander gemein als Essen und Trinken." Noch stärker freilich und von üblern Folgen begleitet war die Mißhandlung, welche in Koblenz der Archivrat Graf Reisach von ihm empfing und die diesen aus seiner dortigen Stellung vertrieb. Er fand aber auch wohl seinen Meister. So hatte er einst eine Eiche für 130 Taler an einen Müller verkauft; darob erboste der getreue Poock, weil er den Baum nicht missen wollte, und gab sich nicht zur Ruhe, wie sehr ihn der Minister auch zu bedenken bat, daß er ja einmal dem Müller sein Wort verpfändet habe. Poock wurde im Streit endlich so wütend, daß Stein vor ihm die Flucht ergriff; der Förster aber lief hinter ihm drein und ließ ihn nicht eher, als bis er versprochen hatte, die Eiche unangetastet lassen und lieber den ganzen Preis dem Müller als Reukauf zahlen zu wollen.

Stein starb zu Kappenberg am 29. Juni 1831 im vierundsiebzigsten Lebensjahre mit heiterer Fassung und voll gläubiger Zuversicht, wie ihn denn tiefe Religiosität durch sein ganzes Leben begleitet hatte. In seinen letzten Tagen schien eine prophetische Ahnung von düstern und traurigen Schicksalen, welche die Zukunft über die Welt heraufbringen werde, sich seiner bemächtigt zu haben. So saß er einmal mit Poock in einer Laube und zeichnete schweigend mit seinem Stocke Figuren in den Sand. Plötzlich aber wandte er sich zu jenem, und wie in größter Heftigkeit auffahrend, sagte er: „Ich erlebe es nicht, Sie können es noch erleben. Fürchterliche Kriege, Völkerwanderungen und Gott weiß was noch alles Fürchterliche mehr!'' Als er dann bettlägerig wurde und zeitweise in Geistesabwesenheit fiel, phantasierte er zumeist von den Polen. Eigentümlicherweise tat das auch Görres in seinen letzten Lebensaugenblicken. ,,Ich bin nicht krank'', sagte Stein dann erwachend zu seiner Wärterin, ,,gehen Sie zu Bett, ich fühle ein Wohlleben, eine Glückseligkeit, die nicht zu beschreiben sind.'' Wenige Stunden darauf starb er. Seine Leiche wurde nach Frücht bei Ems in die Familiengruft gebracht. Er war der Letzte seines Geschlechts; nur ein früher in französischen Diensten gewesener und verkommener Bruder, der zuletzt erblindet war und von dem Minister durch ein Jahrgehalt erhalten wurde, überlebte ihn um wenige Jahre. Die Standesherrschaft Kappenberg nebst Scheda erbte Steins zweite Tochter Therese, vermählte Gräfin Kielmannsegge.

6

Der Birkenbaum und die westfälische Sehergabe. — Die Prophezeiung. — Der gespenstische Heerzug. — Der Freiherr von Münster zu Landegge und die Fürsten von Hohenlohe. — Ein Inkognito. — Die Szene am Buerbaum.

Haben wir während dieser Erinnerungen an den frommen Dynasten von Kappenberg und an den gestrengen Ritter, der endlich sein Erbe geworden, unsere Blicke nach den Höhen zur Rechten gewendet, so bitten wir jetzt unsere Reisegefährten, dieselben linkshin über das fleißig angebaute dicht bevölkerte Gelände schweifen zu lassen, das in leiser Schwellung gegen Süden ansteigt. Dort hinaus liegen die durch ihre Salinen bekannten kleinen Städte Werl und Unna, jenes der Sitz der Erbsälzer oder Salzjunker, einer Anzahl von Patrizierfamilien, die schon im 8. Jahrhundert als „liberi homines salinarii" vorkommen und, im Besitz der Salzquellen, das Privilegium haben, die Einkünfte nach der Zahl ihrer Familienglieder unter sich verteilen zu dürfen. Doch nehmen, wenn wir nicht irren, nur die „Junker" teil, die Fräulein aber nicht, so daß die väterlichen Gefühle eines mit weiblichen Sprossen bereits reich gesegneten Erbsalzherrn bei jeder neuen Bereicherung des Familienglücks durch ein holdes Töchterlein leichter nachzuempfinden als zu schildern sein mögen. Zwischen Werl und Unna unweit der Chaussee aber steht der berühmte Birkenbaum, von dem die Seher weissagen, daß rings um ihn her einst die gewaltige Schlacht geschlagen wird, worin der Osten mit dem Westen um die Herrschaft der Welt ringt und ,,der starke Monarch'', der den Westen führt, der fromme weißgekleidete Fürst, der mit dem linken Fuße hinkt und deshalb von der rechten Seite auf sein Schlachtroß steigt, den Sieg davontragen wird. Der alte echte Birkenbaum ist verdorrt, aber ein junger steht an seiner Stelle. Die Prophezeiung hat sich von uralten Zeiten her im Volke erhalten. Schon 1701 soll sie in Köln in lateinischer Sprache gedruckt erschienen sein. Wir lassen sie hier in ihrer jüngsten dichterischen Version folgen*):

Nach diesen Tagen wahrlich wird kommen eine Zeit,
Da schwindet Treu und Glauben, da herrscht Gottlosigkeit.
Das kann nicht lange währen, dann macht der Herr ein End',
Des Krieges blutige Fackel in loher Glut entbrennt.

Das Volk der Russen und Schweden vereinigt ziehet dort,
Und zu den beiden stehet in Waffen der ganze Nord. —
Die Franken und Italer, die von Hispanias Meer,
Den ganzen Süden führet der starke Fürst daher.

Von Mittag wird er kommen und trägt ein weißes Kleid,
Und von der Brust des Fürsten ein Kreuz erglänzet weit;
Er sprenget kühn und tapfer voraus auf weißem Roß,
Den Frieden wird er bringen, denn Sieg ist sein Genoß.

Da steh'n die Heereslager, wie nimmer sah die Welt,
So weit das Auge reichet gereihet Zelt an Zelt;
Und rings am Horizonte deckt schwarzer Rauch das Land,
Der steiget aus der Dörfer und aus der Städte Brand.

---

*) Von Gisbert Freiherrn Vincke, in dessen ,,Sagen und Bilder aus Westfalen'' (Hamm 1856)

Der Birkenbaum

Die Sonn' erhebt sich blutrot, des Südens Fürst zieht aus,
Und hört die Meß' andächtig zu Bremen im Gotteshaus;
Zur Haar dann reitet er weiter, sein scharfes Auge späht,
Wo nächst dem Birkenbaume des Feindes Lager steht.

Vorbei an Holtum reitet der Fürst nach kurzer Frist,
Wo zwischen zween Linden ein Kreuz errichtet ist,
Da kniet er vor dem Kreuze und betet eine Zeit,
Mit ausgestreckten Armen und ist zur Schlacht bereit.

Die Seinen führt er vorwärts, der Kampf entbrennet heiß,
Die Herrschaft über den Erdkreis — das ist des Kampfes Preis!
Die da bedeckt mit Wunden, zerfleischen sich noch voll Wut,
Bis an die Knöchel waten die wilden Krieger in Blut.

Drei Tage währt das Morden, die birkenbaumer Schlacht,
Dann ist der Süden Sieger, gebrochen des Nordens Macht.
Von Abend strömt nach Morgen ein Bächlein seine Flut,
Dort fällt der letzte Haufen, die Schnitterarbeit ruht.

Weh Budberg und weh Söndern*), wenn sich erfüllt die Zeit!
Ihr werdet zagen und klagen in Jammer und bitterm Leid.
Dann wird der Herr euch trösten in euerm blinden Wahn,
Dann sprecht ihr voll Zerknirschung: „Das hat der Herr getan!"

Das ist der Inhalt der alten Tradition, bestätigt durch die bewährtesten Autoritäten unter jenen „Spöikenkiekern" oder Spuksehern, durch deren „Vorgeschichten" die Worte Schillers:

> Wie sich der Sonne Scheinbild in dem Dunstkreis
> Malt, eh' sie kommt, so schreiten auch den großen
> Geschicken ihre Geister schon voran,
> Und in dem Heute wandelt schon das Morgen —

in Westfalen ihre populäre Bekräftigung finden. Die Gabe des Zweiten Gesichts war seit je, ja sie ist noch, wenn jetzt auch

---

*) Barmen, Holtum, Budberg, Söndern sind benachbarte Dörfer. Die Haar eine südlich der Chaussee parallellaufende Anhöhe.

in geringerm Maße, in Westfalen heimisch und bleibt durch manche festgestellte Tatsache eine so eigentümliche Erscheinung, daß alle sogenannten rationellen Erklärungen das Wesen derselben nicht erschöpfend deuten werden. Schon Tacitus spricht ja von ihr, aber es ist sehr merkwürdig, daß zu seiner Zeit die Frauen es waren, welche als „Prophetinnen" betrachtet wurden, d.h. also Vorgeschichten sahen, denn ohne Zweifel war auch wohl die berühmte Brukterin Velleda nichts als eine besonders begabte westfälische Spukseherin oder „Wikkersche", wie es (von „wicken", vorhersagen) in einigen Landstrichen heißt. Heutzutage dagegen ist die Gabe fast ausschließlich nur bei Männern zu finden.

Die Prophezeiung von der Birkenbaumer Schlacht fällt freilich über den Kreis des second sight, der sich meist auf Leichenzüge, Heerzüge, Feuerbrünste und Unglücksfälle beschränkt, hinaus und gehört zu jenen Visionen, von denen schon Macchiavelli („Über Titus Livius", 13, 16) bemerkt: „Den Grund weiß ich nicht anzugeben, aber es ist eine sowohl durch die ältere als neuere Geschichte erwiesene Tatsache, daß beinahe noch nie in einer Stadt oder in einem Lande ein großes Unglück geschah, das nicht durch einige höher begabte Menschen vorhergesagt oder durch Zeichen angekündigt worden wäre." — „Der prophetische Geist ist den Menschen natürlich und wird nie aufhören sich in der Welt zu regen", sagt der Graf X. de Maistre. Jedenfalls ist die alte Sage, daß auf einem Boden, welcher so ominös die „rote Erde" heißt, einst die zwei feindlichen Prinzipien des Nordens, oder wie wir sagen, des Ostens, und des Westens aufeinanderstoßen und um die Herrschaft der Welt kämpfen werden, merkwürdig genug, wenn man sie auch nicht aus irgendeiner individuellen Sehergabe hergeflossen betrachten will, sondern lieber als eine Ahnung der, wir möchten sagen Allseele des

Volks; denn wie schaffende Bienen oder bauende Termiten durch eine gemeinsame Seele gebunden zu einer einzigen Tätigkeit zusammenwirken, scheinen uns auch die Menschen oder besser: die Nationen, die Stämme sich in einem Seelenleben zu bewegen, welches ihnen nicht zum Bewußtsein kommt und doch da ist, doch die Gemeinsamkeit, welche sie unter sich fühlen, den letzten Grund der ,,Geselligkeit'' bildet und manche unerklärliche Erscheinung hervorruft, die nur ihre Deutung findet, wenn man annimmt, daß ein Mensch das Leben des andern leben kann, weil beide in einer ,,Allseele'' leben.

In ein anderes Gebiet, das der eigentlichen ,,Vorgeschichten'', aber gehört die merkwürdige Begebenheit, welche im Januar 1854 aus dieser Gegend erzählt wurde und die im ganzen Lande ein desto größeres Aufsehen machen mußte, weil sie in den direktesten Zusammenhang mit der alten Prophezeiung trat, und dazu von soviel Augenzeugen beglaubigt wurde, daß sich nicht daran denken ließ, sie in Zweifel zu ziehen, wenn man auch mancherlei natürliche Erklärungen beibringen konnte, gelehrte und ungelehrte. Bevor wir den Bericht eines Augenzeugen darüber geben, müssen wir dem Leser mit einigen Worten den Schauplatz vor Augen stellen.

Aus dem westlichen Tore der Stadt Werl zieht die alte Hellwegstraße in fast gerader Linie durch ein muldenförmiges Tal gen Unna. Folgt man dieser Chaussee, so hat man links gen Süden einen sehr allmählich und gewellt ansteigenden Höhenzug, die Haar, fruchtbares Ackerland, oben von Waldung bedeckt, an welche sich ein Dörflein, Schlückingen, lehnt; etwas weiter an der Höhe erblickt man ein Gehöft, der Bohnenkamp, dahinter immer den Wald, der hier das Schafhäuser Holz heißt. Die Höhe des Hügelzuges erreicht höchstens 230 Fuß, die Entfernung von der Chaussee ist gering, etwa eine Viertelstunde.

Die Chaussee selbst erreicht bald, eine halbe Stunde von Werl, das Dorf Büderich, welches rechts gen Norden sich ausbreitet; zehn Häuser desselben liegen am Rande der Chaussee entlang. Kommt man dann weiter, so erblickt man rechts, dem Nordrande der Chaussee ganz nahe stehend, das ominöse Birkenbäumchen.

Es war nun am Abend des 22. Januar 1854, eines auffallend schönen und warmen Wintertags, an welchem die Sonne eben mit seltener Glut und flammender Pracht niederging, als sämtliche Bewohner (etwa 30 Personen) der zehn an der Chaussee liegenden Häuser von Büderich Zeugen einer Erscheinung wurden, über welche der Lehrer des Orts die folgende Deposition gemacht hat: „Ich befand mich am späten Nachmittage des 22. Jan. in einem in Büderich nahe an der Chaussee liegenden Hause, um die darin wohnende Familie zu besuchen. Die Sonne schien noch, neigte sich aber schon zum Untergange, als ich ein Zusammenlaufen von Menschen gewahrte, die sich in der Nähe des vorerwähnten Hauses immer mehr sammelten und ihren Blick nach dem Dorfe Schlückingen richteten. Vermutend, daß in der Nähe Feuer ausgebrochen sei, begab auch ich mich unter den Troß der Zuschauer, und — — wie groß war mein Erstaunen und meine Überraschung, als ich sah, wie von der Anhöhe Schlückingens herab ein immenser Heereszug nach dem Schafhäuser Holze sich fortbewegte. So auffallend mir diese Erscheinung schon an und für sich war, so wurde mir noch überraschender dadurch, daß ich aus dem Heereszuge ganz deutlich ein Haus hervorragen sah, welches in der Gegend, wo ich solches erblickte, gar nicht vorhanden ist. Bückte ich mich zur Erde, so konnte ich unter dem Bauche der Pferde hinweg bis zum fernen Horizonte hinsehen. Als der Zug nahe ans Schafhäuser

Holz herangekommen war, bildete sich plötzlich eine große Lücke in dem Holze, wie wenn eine Straße durch dasselbe gehauen wäre. Ich habe sogar ganz deutlich wahrgenommen, daß einzelne Pferde den Kopf bewegten, wie sie zu tun pflegen, wenn sie mutig oder unruhig sind oder von Fliegen belästigt werden. Infanterie habe ich nicht gesehen, doch muß ich bemerken, daß ich erst spät zur Beobachtung der Erscheinung hinzugekommen bin. Erzählt aber wurde mir von jemandem, der dem Phänomen von Anfang an seine Aufmerksamkeit zugewendet hat, man habe zuerst ein Haus in Schlückingen in lichten Flammen gesehen. Dann habe sich zwischen den Flammen des Hauses eine Kluft oder ein Riß gebildet, und demnächst habe sich dann der vorbeschriebene Heereszug entwickelt. Auch habe es ganz den Anschein, als sei das Haus in Schlückingen von den erst in geringer Anzahl erschienenen Truppen angezündet. Mit der untergehenden Sonne schwand zugleich das so höchst imposante Schauspiel." So weit die gemachte Mitteilung eines glaubwürdigen Augenzeugen. Auch ein Schüler aus Werl, den während der vorbeschriebenen Erscheinung sein Weg zufällig nach Büderich geführt hat, machte eine im wesentlichen mit vorstehender Mitteilung ganz übereinstimmende Beschreibung des seltenen Schauspiels. Da er aber früher als der obige Augenzeuge beobachtete, so will er, was jener nicht wahrgenommen hat, auch Infanterie, und zwar in großer Menge, sogar das Blitzen ihrer Musketen gesehen haben. Auch eine Menge Wagen hat er, wie er sagt, bemerkt. Nach seiner Angabe ist die Infanterie vorn gewesen, hinter ihr die Kavallerie. Er gibt ferner an: als das Fußvolk im Schafhäuser Holze und die Kavallerie vor demselben gewesen sei, wären die Bäume dieses Holzes im Dampfe verschwunden, worauf die Kavallerie sich seitwärts nach Hemmerde zu geschwenkt habe. Die Uniform der Kavallerie ist nach seiner Angabe weiß gewesen.

Bei dem großen Aufsehen, welches die Erscheinung erregte, brauchen wir nicht zu verweilen, es verbreitete sich in die weitesten Kreise und so kam es, daß, durch eine Aufforderung Alexander von Humboldts veranlaßt, ein rühmlichst bekannter Naturforscher, der Professor Heis zu Münster, sich nach einiger Zeit persönlich nach dem Schauplatze begab, um das Phänomen zu ergründen. Die Tatsache wurde durch offizielle Vernehmungen der Augenzeugen, die sämtlich getrennt und dann zusammen verhört wurden, konstatiert. Es ging noch daraus hervor, daß der Zug, anfangs von den Zuschauern etwa eine Viertelstunde weit entfernt, sich der Chaussee und dem Birkenbaume zugewendet und sich beim Überschreiten der Chaussee bis auf 200 Schritte genähert habe. Das brennende Haus, welches wohl zuerst die Aufmerksamkeit anzog und die erste Veranlassung zur Aufregung unter den Beobachtern gegeben zu haben scheint, wurde nach übereinstimmender Angabe der Zeugen fast in südwestlicher Richtung erblickt, in der Mitte zwischen dem Dorfe Schlückingen und dem Gehöft Bohnenkamp, an einer Stelle auf dem Felde, wo sonst nie ein Haus gestanden hat.

Als Erklärung des Phänomens bot sich nur die Annahme dar, daß das Ganze ein durch die Temperaturverhältnisse des Tages hervorgebrachter Zug von Nebel gewesen. Aber unerklärt blieb dabei die Erscheinung eines flammenden Hauses an einer Stelle, wo kein Haus steht; und konnte man hier anführen, es befinde sich hinter der Höhe und von ihr verdeckt ein Haus, das durch eine besondere Brechung der Lichtstrahlen den Beobachtern auf der Chaussee sichtbar geworden sein müsse, wie ein solcher Fall nicht vereinzelt dastehen soll, so blieb doch immer rätselhaft, daß man das Haus im Flammen erblickte. Auch dies freilich ließ sich durch den Reflex der starken Abendröte deuten. Nur haben wir dann doch immer eine ganz eigentümliche Kombination von auffallenden Erscheinungen an einem und demselben Orte, um eine und dieselbe Stunde: einen vollständigen Heereszug, erklärt durch Nebel; ausgehend von einem nicht vorhandenen Hause, erklärt durch ein optisches Phänomen; eine Feuersbrunst, erklärt durch Lichtreflex des Abendhimmels, und endlich als Schauplatz des Ganzen — die Gegend des Birkenbaums!

Die Chaussee, unweit welcher der Birkenbaum steht, ist die alte Heerstraße, die man ursprünglich den ,,Hellweg'' nannte und die die ganze Reihe wohlhabender Städte unter sich verbindet, welche hier auf fruchtbarer Kleibank, zumeist mitten zwischen Ruhr und Lippe sich lagernd, entstanden sind. Sie ist jetzt längst trefflich chaussiert. Schon der Minister von Stein hat unendlich viel während seiner ersten Verwaltung der Mark für die Kommunikationsmittel des Landes getan; im Ganzen aber waren die Wege und Straßen in Westfalen ehemals in einem eigentümlichen Zustande.

Während wir so leicht und anstandslos über unsere glatte Metallbahn dahinfliegen, ahnen wir wenig von den unermeßlichen Schwierigkeiten, die einst der schwere Kleiboden, der jetzt geduldig unter unsern Füßen Schwellen und Schienen trägt, den Reisenden von ehemals mit fabelhafter Tücke entgegensetzte. Kein Land konnte sich in der guten alten Zeit entsetzlicherer Wege rühmen als Westfalen, und vielleicht hat das ganze Institut der ,,peinlichen Frage'' der Menschheit nicht soviel Schmerzen gekostet, daß sie gegen die Summe von Qualen in Betracht kämen, welche die unglückseligen Zugtiere ausgestanden haben, die einst ebenso unglückselige und verzweiflungsvolle Reisende durch diesen Teil Deutschlands zu schleppen hatten. Es war nicht allein der lehmige Boden, der die Schuld trug, sondern auch das sinnreiche altwestfälische System der Wallhecken, die, zu beiden Seiten der Straße sich hinziehend, diese sorglich vor Sonne, Luft und Wind behüteten, so daß die bodenlosen Löcher, Teiche und Schlammanhäufungen, die man ehemals einen Weg nannte, nie abtrocknen konnten. Die Straße, welche uns zur Rechten, aus dem Herzen Westfalens zum Rhein führte, nahm an der Glorie des non plus ultra — ein ,,non plus ultra'' stellten diese Wege in der Tat vor! — vollen Teil. Zu übernachten pflegte man auf dieser Straße in einem noch auf fürstlich münsterischem Gebiet liegenden einsamen Wirtshause, genannt ,,Am Buerbaum'', in welchem die Krone Preußen eine Poststation errichtet hatte. Dieses Wirtshaus wurde am Ende des vorigen Jahrhunderts der Schauplatz einer Szene, die wir unsern Lesern mitteilen müssen, auch auf die Gefahr hin, daß sie die alten Schwierigkeiten des Fortkommens durch die Hemmnisse des Weges nur umgetauscht finden sollten gegen neue, welche dem raschen Weiterkommen der Mitteilungsdrang ihres Cicerone entgegenwälzt!

Die Hauptrolle in jener Szene, wenn auch nur eine schmerzlich passive, spielte ein Freiherr von Münster zu Landegge, derselbe westfälische Kavalier, mit dem sich Schlosser in seiner ,,Geschichte des 18. Jahrhunderts'' (III, 330) und seinerzeit Göckingks ,,Neues Journal für Deutschland'' (Heft I) beschäftigte. Der Baron Georg von Münster-Landegge, osnabrückischer Geheimrat und Erbmarschall, war ein Mann von großem Selbstgefühl und ein ,,witziger Kopf'', wie man sich im vorigen Jahrhundert ausdrückte. So machte er eines Tages eine Reise zusammen mit dem regierenden Herrn eines kleinen deutschen Fürstentums. Man kam am Tore einer größern Stadt an und der Korporal von der Wache erkundigte sich nach den Namen der Reisenden. Der Fürst von L., der inkognito reisen wollte, wie er sagte, antwortete auf die Frage des

Korporals: ,,Baron Münster.'' — ,,Ich will'', sagte Münster, seinerseits jetzt gefragt, ,,auch inkognito bleiben — Fürst L.''

Mit einem andern Fürsten geriet Baron Münster in weniger harmlose Berührung. Er glaubte durch seine dem hohen Adel angehörige Gemahlin mit dem Hause Sardinien und mit den Fürsten von Hohenlohe verwandt zu sein, und sandte beim Tode seiner Schwiegermutter deshalb feierliche Notifikationsschreiben solchen Familientrauerfalls nach Turin und an die Herren von Hohenlohe-Bartenstein und Schillingsfürst. Der König von Sardinien antwortete höflich und gab dem westfälischen Edelmann dabei die Anrede: ,,Mon cousin.'' Die Fürsten von Hohenlohe-Bartenstein und Schillingsfürst dagegen wiesen durch Rescript ihrer gemeinschaftlichen Regierung die Zudringlichkeit des Barons mit Kanzleigrobheit ab und deuteten schweigend an, daß sie von der Vetterschaft nichts wissen wollten — wie es schien höchst gereizt darüber, daß man sie ,,Hochgeborene Reichsfürsten'' und nicht ,,Durchlauchtig hochgeboren'' (die Durchlaucht gebührte ihnen nicht) genannt habe. Das grobe Schreiben des ,,armen Sünders, den sie ihre gemeinschaftliche Regierung nannten'', lautete wörtlich wie folgt:

,,Von dem Cux-Cöllnischen Herrn geheimden Rath und Kammerherrn Freiherrn von Münster-Landegge seynd d. d. Landegge bei Münster den 18. März a. c. an Serenissimorum nostorum zu Hohenlohe und Waldenburg Hochfürstliche Durchlauchtigkeiten zwei notificationsschreiben unter ganz befremdeter und ungewöhnlicher Titulatur, Courtoisie und Offert eingelaufen. Obschon nun Serenissimi sothane in aller Rücksicht unschickliche Zuschriften aus besondrem Menagement nicht remittiren, so haben Höchstdieselben sich jedoch dergleichen Correspondenzen verbitten lassen wollen. Welches man auf erhaltenen gnädigsten special Befehl dem Herrn geheimden Rath ohnverhalten sollen." — Über diese Zuschrift geriet der Freiherr von Münster-Landegge in einen solchen Zustand von Aufregung, daß er den Fürsten von Hohenlohe-Bartenstein — der von Schillingsfürst war ein steinalter Mann — vor seine Klinge forderte. Der Fürst von Hohenlohe erwiderte auf des westfälischen Freiherrn höchst impertinenten Brief in höhnisch schneidender Weise, indem er sich weigerte, einem bloßen Edelmann Satisfaktion zu geben, denn ein Fürst oder Reichstand sei über jede Beleidigung hinaus, die ein anderer als seinesgleichen ihm antun könne, auch wenn er recht habe! Der Freiherr von Münster-Landegge schrieb nun in demselben verbindlichen Stile einen Brief nach dem andern an den „Durchlauchtig Hochgeborenen", um ihm zu beweisen, daß er das Recht habe, von einem Fürsten Genugtuung zu verlangen. Aber er erreichte nichts und die Sache blieb endlich, nachdem ihre Veröffentlichung durch indiskrete Freunde oder Diener beide Parteien lächerlich gemacht hatte, auf sich beruhen. Eine weit schlimmere Wendung jedoch sollte ein anderer Handel für den Freiherrn von Münster nehmen, den er sich durch seinen zu hitzigen Briefstil zugezogen hatte.

Er hatte im 9. Heft des Jahrgangs 1783 der weiland berühmten Schlözerschen „Staatsanzeigen" anonym einen Aufsatz über münsterische Zustände abdrucken lassen, durch welchen sich vornehmlich das Offizierskorps der münsterischen Armada verletzt glaubte. Der Artikel wurde in jener gründlichen und erschöpfenden Weise, wie eine kleinstädtische Gesellschaft so etwas zu behandeln pflegt, besprochen. Alle Stimmen einigten sich dahin, daß Münster ihn geschrieben habe, und das fürstliche Geheimratskollegium verlangte vom hannoverischen Staatsministerium, daß es Schlözer zur Namhaftmachung des Verfassers anhalte, wurde aber von den

Herren in Hannover kurz abgewiesen, weil nichts in dem fraglichen Aufsatz enthalten, was wider die in den hannoverischen Landen verstattete billige Freiheit zu denken und zu schreiben verstoße. Damit blieb die Sache vorläufig auf sich beruhen. General-en-Chef der fürstlichen Truppen und Gouverneur von Münster war damals Philipp Ernst, regierender Graf von Lippe-Schaumburg, der Bruder des berühmten portugiesischen Feldherrn; er war Münsters persönlicher Feind und dieser hatte das Unglück, ihn gerade jetzt empfindlich zu kränken. Der Graf von der Lippe vermählte nämlich seinen jüngern etwas geistesschwachen Bruder mit einer Verwandten Münsters, einer Gräfin von Löwenstein. Münster hatte aber seine Verwandtschaft laut und entschieden gegen den blödsinnigen Bräutigam gewarnt — und zwar sehr mit Recht, wie die Folge zeigte, da die unglückliche Gräfin Löwenstein kurz nach der Vermählung mit zerrütteter Gesundheit sich ins väterliche Haus zurückflüchtete. Der General-en-Chef jedoch, über Münsters Warnungen erbittert, rief nun seinen Offizieren den alten, bereits vor beinahe einem Jahre geschriebenen Artikel ins Gedächtnis zurück und gab ihnen förmlich Befehl, ,,den Münster darüber zu konstituieren.'' Dies geschah sehr bald von einigen der Herren in brutalster Weise; Münster beschwerte sich schriftlich darüber beim Gouverneur; der Graf von der Lippe aber ließ in einer Art von Kriegs- oder Ehrengericht durch einige Stabsoffiziere dem Freiherrn von Münster aufgeben, öffentlich zu erklären, daß er nicht Verfasser des Artikels sei und den Autor desselben für einen ,,schlechten Kerl'' halte, widrigenfalls er weitern Unannehmlichkeiten entgegenzusehen habe! Über diese Zumutung geriet Baron Münster in solchen Zorn, daß er dem regierenden Herrn Grafen einen überaus groben Brief schrieb, in welchem er ihm zugleich erklärte, daß er augenblicklich nach Bonn abreisen werde, um sich beim Kurfürst-Fürstbischof zu beschweren. In der Tat wurde zu gleicher Zeit mit der Überreichung des Briefs dem Gouverneur von einem der Stadttore rapportiert, daß der Freiherr auspassiert sei. Der Graf Philipp Ernst ließ nun sofort einen in seinen eigenen, bückeburgischen Diensten stehenden Major mit einem Bereiter und drei Stallknechten aufsitzen, ließ dies Detachement von drei münsterischen Offizieren, welche als Zeugen dienen sollten, begleiten und sandte es spornstreichs dem Freiherrn von Münster nach, um diesen für seinen Brief zu züchtigen. An einem trüben Dezembertage zogen die Helden zum Tore hinaus, unter jenem Rosenbanner von Lippe, von dem die Reimchronik von der Soester Fehde des Magisters Latomus aus Lemgo singt:

Ere Banner gaf enen söten Schyn,
Getziret met ener Rosen gar fyn,
Gelick wu dey Rosenbaum deit stecken,
So weren de Lippeschen ere Viande vrecken
Dat dat Bloth hervor sall brecken!

Der Baron von Münster hatte abends das noch im Hochstift Münster liegende königlich preußische Posthaus Buerbaum erreicht, wo er übernachten wollte. Er saß zwischen 9 und 10 Uhr ruhig in seinem Zimmer und schrieb, als die Bande, Peitschen in der einen, Degen oder Pistolen in der andern Hand, ins Haus und in die Stube drang. Münster wurde nun ergriffen, geschlagen und aufs schrecklichste eine ganze Viertelstunde lang mißhandelt, bis er besinnungslos und aus einigen gefährlichen Kopfwunden blutend am Boden lag. Als er sich wieder erholte, zwang man ihn etwas zu unterschreiben, was er natürlich nicht lesen oder verstehen konnte und das eine Art von Empfangsbescheinigung über die erhaltenen Schläge vorstellte; man bemächtigte sich dann der Papiere auf seinem Tische, und als Münster plötzlich mit ungebrochenem Mute sich auf die Räuber warf, um seine Briefe ihnen zu entreißen, begann die Mißhandlung von neuem, bis er abermals betäubt zu Boden fiel. Mit Jauchzen und Singen zog dann die Bande ab. Der unglückliche Baron aber ward am andern Tage auf ein benachbartes Schloß seines Freundes, des Grafen Merveld, nach Lembeck getragen.

Charakteristisch nun ist der weitere Verlauf der Sache. Der Mißhandelte nämlich gab sich vergebens alle Mühe, Gerechtigkeit und Bestrafung der Täter zu erlangen. Statt eines Kriminalverfahrens wurde ein endloser fiskalischer Prozeß eingeleitet, der sich ohne Resultate jahrelang hinschleppte, obwohl selbst Friedrich der Große sich hineinmischte und durch Finkenstein und Herzberg sehr derb eine prompte Justiz und Genugtuung wegen seines verletzten Posthauses verlangen ließ — „da", hieß es in dem Reskript, „im Entstehungsfalle Allerhöchstdieselben ungern sich selbst würden entschließen müssen, nach Anleitung der Kreisgesetze die Bestrafung der Verbrecher zu versuchen und die nötigen Vorkehrungen zur Erhaltung des Landfriedens und der Sicherheit der Posten und Landstraßen zu treffen." Die Sache zog sich trotzdem ergebnislos in die Länge, umso mehr, als der Graf von der Lippe als souveräner Fürst die in seinen Diensten stehenden Täter durch seine eigenen Gerichte in Untersuchung nehmen ließ. Ja, der münsterische General-en-Chef hatte die Keckheit, durch seine bückeburgische Regierung von Preußen die Auslieferung des Barons Münster verlangen zu lassen, als der Letztere sich eine Zeitlang bei einem Freunde auf preußischem Gebiet aufhielt. Er erhielt darauf eine derbe Abfertigung vom preußischen Ministerium, die mit den Worten schloß: „Von einer rechtsverständigen Regierung war nicht zu erwarten, daß sie die Auslieferung des mißhandelten Freiherrn von Münster an den Grafen, also an den Gegner und die Partei und den Anstifter der Vergewalttägigung zu verlangen sich würde beigehen lassen, und das königliche Ministerium versichert sich zu ihr, daß sie dasselbe mit dergleichen anstößigen und rechtswidrigen, die Würde des königlichen Hofes beleidigenden Erlassen in Zukunft verschonen werde.'' Die ganze Angelegenheit wurde so verschleppt, daß Philipp Ernst von Lippe-Schaumburg darüber zu seinen Vätern versammelt wurde; auch der Kurfürst Maximilian Friedrich starb darüber fort und erst sein Nachfolger, der Erzherzog Maximilian Franz beendete die Sache, indem er seinen Schwager, den Herzog von Sachsen-Teschen, Generalgouverneur der Niederlande, bat, durch eine niedergesetzte Kommission ein Urteil schöpfen zu lassen. Am 28. Juni 1788 erging denn endlich in Brüssel der Rechtsspruch, gefällt durch österreichische Militärs und Zivilbeamte; die Täter wurden, insofern sie Offiziere, kassiert und zu mehr oder minder langem Arrest verurteilt, dem Freiherrn von Münster wurde eine civilis emenda von 10.000 Talern zugesprochen. Der Letztere übte dann die beinahe übertriebene Großmut, die ihm zuerkannte Summe zur Verteilung unter die brotlos gewordenen kassierten Offiziere oder deren Kinder zur Disposition zu stellen.

7

Dortmund. — Die Köln-Mindener Eisenbahn. — Zur Geschichte der Stadt. — Sittenzüge aus der Vorzeit. — Mittelalterliche Justiz. — Ein Dortmunder hat das Pulver erfunden. — Der Freien Reichsstadt Verfassung. — Die Kirchen. — Die Gebrüder Dünwegge. — Die Feme. — Ihre Blüte. — 100.000 Freischöffen. — Das Verfahren. — Die Wrögegerichte. — Bestand bis in die neueste Zeit.

Wir sind in Dortmund, neben dessen altersgrauen Mauern sich in eigentümlich bedeutsamer Weise Vergangenheit und Gegenwart die Hand reichen. Dicht nebeneinander nämlich liegen hier der Hügel mit der alten absterbenden Linde, worunter einst ,,des hilgen rykes hemelike camer'', der berühmte oberste Freistuhl auf roter Erde stand und die Feme ihre Freigrafen, Schöffen und Frohnen versammelte —, und der Eisenbahnhof mit seinen unübersehbaren Stationsgebäuden und seinem Menschengewühl, mit seinen zischenden und dampfenden Lokomotiven, deren schwarze Rauchsäulen vom Nordwinde gefaßt durch die dürftige Blätterkrone des alten heiligen Baumes wallen, deren Rasseln und Pfeifen die poetischen Schauer der einst so stillen alten Malstätte ausgetrieben haben.

Auf dem Dortmunder Bahnhofe, der ein sehr schönes und geräumiges Hauptgebäude hat, ist immer ein gewaltiges Gedränge von Menschen und Waren; es ist die Hauptzwischenstation zwischen Minden und Köln. Hier im Mittelpunkte des eigentlichen Kohlenreviers der Grafschaft Mark wird der größte Teil dieses wichtigen Versendungsgegenstandes verladen; hier sind die Maschinenwerkstätten, die Lokomotivwerkstätten, die zur Kooksfabrikation dienenden Gebäude, die großen Waggonschuppen, kurz: eine ganze kleine Eisenbahnstadt. Dazu kommt, daß der Dortmunder Bahnhof zugleich für die hier sich abzweigende und durch die industriellen Bezirke von Herdeke, Hagen, Barmen, Elberfeld führende Märkisch-Bergische Eisenbahn dient, sowie sich hier ebenfalls die Dortmund-Soester Bahn abzweigt.

Es mag hier auch der Ort sein, einige Notizen über diese merkwürdige Köln-Mindener Eisenbahn einzuschalten, welche einen so gewaltigen, von Jahr zu Jahr in beispiellosen Verhältnissen steigenden Aufschwung nimmt. Sie wurde erbaut mit einem Aktienkapital von 13 Millionen Taler und eröffnet im Herbst 1847 — im Oktober dieses Jahres klang zum ersten Male der gellende Pfiff einer Lokomotive über die stillen westfälischen Ebenen fort: seitdem, bis 1855, hat der große westöstliche Schienenstrang bereits 21 große und kleine Anschlußbahnen bekommen und mehrere neue sind im Werke. Der anfangs mäßige und keine außerordentliche Rente in Aussicht stellende Verkehr machte am 1. Juli 1855 bereits 100 Lokomotiven, 97 Tender und einen Wagenpark von 2611 Wagen nötig. Das Betriebsresultat des Jahres 1854 war eine Einnahme von 3.279.000, eine Ausgabe von 2.101.000 Talern. Auf die Aktionäre kam davon eine Verzinsung und Dividende von 8 1/10 Prozent. Befördert wurden 1.650.000 Personen mit einer Gesamteinnahme aus dem Personenverkehr von einer Million, an Gütern 28 Millionen Zentner mit einer Gesamteinnahme von über zwei Millionen Talern. Die an den Staat zu zahlende Eisenbahnsteuer betrug 100.000 Taler. Der Sitz der Gesellschaft ist Köln, dem fast ausschließlich auch die Direktions- und Verwaltungsratsmitglieder angehören. Die Gesellschaft hat bekanntlich 1855 auch den Ausbau der Köln-Gießener Bahn und der stehenden Rheinbrücke zwischen Köln und Deutz übernommen; dann hat sie den Ausbau der Oberhausen-Arnheimer Linie, welche sich an die niederländische Rheineisenbahn anschließt, vollführt.

Die alte Freie Reichsstadt Dortmund zieht von ihren Eisenbahnen, zu denen noch die vierte mit der über Bochum und Coesfeld nach Rheine führenden Verbindungsbahn hinzukommt, und von dem Kohlenreichtum der Umgegend nicht geringen Nutzen. Sie verjüngt und verschönert sich zusehends. In ältesten Zeiten war die Villa Trotmünde am Hellwege ein Königshof, den Karl der Große durch einen Grafen verwalten ließ: eine unbegründete Sage nennt den ersten Grafen Trutmann und erklärt daraus den Namen; im Mittelalter und in neuerer Zeit brauchte man den lateinischen Namen Tremonia, die „mit drei Mauern umgürtete", wobei die gelehrten Erklärer den Umstand, daß die Stadt keine dreifachen Mauern hatte, als unwesentlich nicht berücksichtigten. Aus dem königlichen Hofe wurde im Laufe der Jahrhunderte eine kaiserliche und Freie Reichsstadt. Das alte Grafenamt, welches sich zuletzt an eine Familie von Lindenhorst und endlich von Stecke vererbt hatte, kaufte sie an sich und erhielt damit auch die Besetzung des Freien Stuhls, zu der früher die Grafen als kaiserliche Obervögte oder Schultheißen konkurriert hatten. In der westfälischen Geschichte spielt Dortmund eine nicht unwichtige und sehr rührige Rolle. Außer ihren „Grafen von Dortmund" hatte sie ein zahlreiches Patriziat und war eine Art Mittelpunkt des Verkehrs des märkischen und westfälischen Adels. Zumeist aber ist Dortmund wichtig durch seine hervorragende Teilnahme an der Ausbildung des altsächsischen Städterechts, das in Westfalen seine vornehmsten Quellen fand —

ein Umstand, der, wenn auch der Zug des Verkehrs mit dem Ostseelande und der Deutsche Ritterorden die äußern Veranlassungen zur Übertragung des Soester und Dortmunder Stadtrechts bis nach Dorpat und an die fernsten Küsten des Baltischen Meeres boten, doch darauf hindeutet, daß wir im westfälischen Volke des Altertums ein vorzugsweise ausgebildetes Rechtsgefühl, ein überlegenes Rechtsbewußtsein zu suchen haben. — Wie die alten Römer waren die Söhne Westfalens Rechtsnaturen mit aller Sprödigkeit und harten Konsequenz solcher Charakterrichtung — und diese letztern Eigenschaften hat ja ,,das zähe Volk der roten Erde'' zum Teil noch heute nicht verloren. — Die erste Aufzeichnung des Dortmunder Statutarrechts fällt in die Mitte des 13. Jahrhunderts, ist also die älteste in allen westfälischen Städten; der Dortmunder Rat aber bildete eine Art Oberhof im Lande zwischen Weser und Rhein, an den wiederholt von andern Städten, wie Wesel, Paderborn, Höxter, zumal aber von den nähergelegenen Orten Berufungen geschahen.

Die Geschichte Dortmunds ist an bedeutenden Ereignissen nicht reich, mehr an denkwürdigen Sittenzügen, deren wir einige ausheben wollen.

Im Jahre 1005, dann wieder 1016 hielt Kaiser Heinrich II. mit seiner Gemahlin, der heiligen Kunigunde, sich in Dortmund auf. Im letztern Jahre erschien hier vor dem Kaiser der große Präsul der paderbornischen Kirche, der gelehrte und gepriesene Bischof Meinwerkus, und erhob Klage wider seine eigene Mutter. Sie habe sich aufs neue vermählt mit Bolderich, Grafen von Kleve, und seinen, des Bischofs, Bruder Dietrich, ihren Sohn erster Ehe, meuchlerisch ermorden lassen. Trotz aller Vorstellungen des Fürsten drang der heilige Mann darauf, daß seine leibliche Mutter zum Tode verurteilt werde, was denn auch geschah und vollzogen worden wäre, wenn nicht der Erzbischof von Köln ihr Gnade erwirkt hätte. — Im Jahre 1152 hielt der Rotbart einen Reichstag in Dortmund. — ,,Anno 1360 hat Idel Walrabe, Ritter, zu Dortmund auff'm Weinhauß das gantze Dorf Suetdincken, über 30 Feuerstellen dahmalß stark, neun Pferde und seine Kleider auff dem Leibe mit etlichen Bürgermeistern und Patriciern von Soest verspielt und ist geliefert worden. Die Knechte haben die Settel, Zäume und Buchse verspilet und gesagt: ,Hat der Deufel die Gaule gefressen, so fresse er auch die Zäume.' '' So schreibt Johann von der Verswordts ,,Westfälisches adeliges Stammbuch''. Was aber die Herren von Walrabe angeht, so müssen sie stets eigentümliche Leute gewesen sein, denn von ,,Casparen Walraben zum Grimberg'' finden wir in dem angeführten Autor noch in ganz naiver Einfachheit aufgezeichnet: ,,welcher seine eigene Schwester zur Fraven gehabt, aus Ursachen, daß seine Schwester stadliche Erbgüter bekommen.''

Auf der Reise, welche Kaiser Karl IV. im Jahre 1377, wie wir schon früher, in Enger sahen, durch Westfalen machte, hielt er drei Tage lang in Dortmund Hof. Die alte Freie Reichsstadt bot alles auf, ihn würdig zu begrüßen und zu beherbergen. An der Grenze des Stadtgebiets empfing ihn der Magistrat mit den Reitern und Armbrustschützen der Stadt; an einem weißen Stabe wurden die Schlüssel der Tore vorgetragen und dem Kaiser überreicht. Als Karl unter Glockenklang, unter Zinken-, Kesseltrommeln-, Geigen- und Pfeifenspiel in die Stadt einritt, führten die zwei Bürgermeister in voller Rüstung sein Roß am Zügel; vier Ratsherren trugen den Baldachin über ihm. Voran ritt der Herzog von Sachsen als Marschall mit dem Schwerte; im langen Zuge wurde der silberne Schrein des heiligen Reinold, umringt von Schülern mit grünen Kränzen getragen. Auf der Hauptstraße, ,,die rein gefegt war'', heißt es in der Chronik, standen rechts die Männer, links die Weiber Dortmunds in ihren besten Kleidern, bis zu St. Reinolds Kirche. Der Kaiser wohnte im Hofe Johanns von Wickede, des Patriziers, der mit dem Recht begnadet wurde, kaiserlicher Majestät den Steigbügel zu halten. Eine Inschrift an seiner Herberge sowie ein besonderes Vorrecht des ,,Stegrep-(Stegreif)hofes'' erinnerte noch lange an den erlauchten Besuch. Der Reichsmarschall aber hatte beim Einzug das Stadttor nicht hoch und breit, die Straßen nicht weit genug gefunden, um seine Lanze querdurch zu führen, und hielt nur für eine Geldsumme den Befehl zurück, alles niederzureißen, was, wie er behauptete, in solchem Falle sein Herrenrecht sei.

Im Jahre 1378 am 16. Jan. erschien auch des Kaisers Gemahlin Elisabeth von Österreich in Dortmund. Ihr zu Ehren wurde auf dem Rathause bankettiert und nach der Tafel ,,ein Tanz gemacht'', wie die hohe Frau es gewünscht. — Von demselben Jahre 1378 an umtobte eine gewaltige Fehde die Stadt Dortmund. Heinrich von Hardenberg, Ritter, hatte bei einem Dortmunder Juden Geld geborgt und bei adeligen Ehren und eidlich die Rückzahlung gelobt. Dennoch ließ er den Verfalltag vorübergehen, ohne zu zahlen. Der Jude beschuldigte ihn deshalb der Ehrlosigkeit. Der gestrenge Ritter verlangte dafür des Juden Bestrafung. Da jedoch Bürgermeister und Rat nicht sofort Miene machten, den unglücklichen Hebräer für sein Verbrechen zu rädern und zu vierteilen, so ergrimmte der edle Heinrich und hatte stracks eine stattliche Anzahl von Vettern und Bundesbrüdern in den Sattel gebracht, welche der Stadt die Absage sandten.

Aber die alte ,,Tremonia'' hatte feste, bis auf den Tag noch nie bezwungene Türme und die Bürger hatten gar derbe Fäuste. Rätlicher, als an den Mauern die Köpfe einzurennen, schien es, sich mit List ihrer zu bemächtigen. Nun war einer unter den Verbündeten, Rotger von Gisenberg, der früher lange in der Stadt als deren Kriegsoberster heimisch gewesen und der das Herz einer Patrizierwitwe, Agnes von Virbeke, zu gewinnen wußte, daß sie zusagte, am St.-Michaelistage in der Morgenfrühe wolle sie zwei Wagen, einen mit Heu, den andern mit Holz beladen, zu ihrem Gebrauche in eines der Tore kommen lassen; unter dem Heu aber sollten Bewaffnete der Verbündeten versteckt liegen und der Wagen mit Holz sollte unter dem Fallgitter halten, damit man es nicht niederfallen lassen könne. In dem Augenblick, wo dieser Wagen an seiner Stelle sei, wollte Agnes vom Turme mit einem weißen Tuche winken, die Bewaffneten sollten hervorspringen und die Torwache niedermachen, von außen unterdessen die Ritter heraneilen. Als nun der bestimmte Tag gekommen, begab Agnes sich in der Frühe zum Torturm. Das Tor war noch geschlossen. Die Bürger hatten solange nächtliche Wacht gehalten, daß sie sich in den Morgenstunden für den versäumten Schlaf schadlos hielten. Agnes sandte deshalb zum Bürgermeister, um von ihm die Schlüssel erbitten zu lassen. Mittlerweile hat sie sich oben in die Wohnung des Torwächters begeben; dieser wird fortgesandt, unter dem Vorwande, er solle der edlen Frau Fleisch in der Fleischhalle kaufen gehen. Unterdes kommen Arnold, ihr Sohn, und Konrad von Lindenhorst, des Grafen von Dortmund Sohn zu ihr. Die Torschlüssel werden gebracht. Lauschend vernehmen die drei im obern Turmgemach, wie unten die schweren Torschlüssel klirren, wie Ketten und Riegel rasseln. Dann wird es still. Das Tor ist geöffnet! sagt Agnes leise, und hastig läßt sie ihr weißes Tuch aus des Torwarts Fenster flattern; aus dem Hinterhalt brechen sogleich die versteckten Männer hervor und laufen mit ihrem Kriegsruf auf das Tor zu. Aber zu früh! Das Tor war aufgeschlossen worden, doch noch waren seine schweren

Flügel nicht aufgeschoben gewesen, noch starrte es mit seinen festen Eisenplatten den Anstürmenden entgegen. Die Lauscher da oben im Turm hatten sich getäuscht. Die Bürger waren aber schnell in ihrem Rüstzeug bei der Hand; die Verräter wurden noch in der Wohnung des Torwarts bestrickt. Man machte schnelle Justiz mit ihnen. Noch am selbigen Tage wurden Arnold und Konrad von Lindenhorst auf dem Markte enthauptet. Agnes aber wurde mit Ketten auf ihrem Holzwagen festgeschnürt und mit demselben zu Asche verbrannt!

Mit doppelter Erbitterung entbrannte die Fehde. Aber über den verbündeten Rittern waltete Mißgeschick. Rötger von Gisenberg geriet in die Gewalt des Rats und wurde als Verräter, weil er der Stadt durch Diensteid verpflichtet gewesen, erwürgt. Heinrichs von Hardenberg Haupt fiel wegen eines andern Handels, in den er verstrickt, zu Köln unter des Henkers Beil. Mit den andern wurde der Span beigelegt; aber im Jahre 1388 trat der verbrannten Agnes ein Rächer im Grafen Engelbert von der Mark auf; er sagte der Stadt Fehde an, weil Agnes ohne Prozeß gerichtet sei — vielleicht stand sie in einem Lehnsverhältnis zu den Grafen von der Mark — und zugleich sandte Friedrich von Saarwerden, Erzbischof von Köln, den Absagebrief. Mit zahlreichen und mächtigen Verbündeten rückten beide ins Feld; es galt, und das war der Fehde eigentlicher Grund, die Reichsunmittelbarkeit der Stadt zu brechen und statt des stolzen Kaiseraars ihr des kölnischen Erzbischofs schwarzes Kreuz ins Wappen zu setzen. Aber die Stadt rüstete unverzagt aus allen Kräften, schanzte und schoß aus ihren neugegossenen Geschützen, daß es ihrem Sohne, Bruder Barthold Schwarz, dem geborenen Dortmunder Kind, der etwa 80 Jahre früher zu Freiburg das Pulver erfunden, alle Ehre machte. Zwei Jahre lang widerstanden die Bürger siegreich den Stürmen, der Blockade, aller Übermacht gewaltiger Streitkräfte und gingen, als man endlich Frieden schloß, am 20. Nov. 1389 mit neugekräftigter Unabhängigkeit aus der großen Fehde hervor.

Diese Unabhängigkeit hat Dortmund von da an ungebeugt und unangetastet erhalten. Daß sie Hansestadt war, brauchen wir kaum zu erwähnen. Schon ihre Lage wies sie auf lebhaften Handelsverkehr hin: die vorteilhafte Stellung mitten auf dem von den zwei Parallelflüssen Ruhr und Lippe gebildeten westfälischen Mesopotamien, und zwar zwischen denjenigen Stellen gerade, wo die beiden Flüsse ihr am weitesten nach Süden vorgeschobenes Knie bilden und wo auch ihre größere Schiffbarkeit beginnt, wo also Orte entstehen mußten (Lünen und Herdecke), deren Wechselverkehr sich in Dortmund kreuzte oder von hier aus beherrscht wurde.

Der Rat der Freien Reichsstadt wurde jährlich vor Petri-Stuhl-Feiertag abends 9 Uhr erwählt: die Kurgenossen zogen dazu in schwarzen Mänteln auf das mit Pechkränzen erleuchtete Rathaus und brachten inter pocula bei diesem Geschäfte fröhlich die Nacht zu. Der erste Bürgermeister war der regierende, der zweite sein Stellvertreter und Oberst der durch acht Bürgerfahnen vertretenen bewaffneten Macht. Die Nächsten im Range nach ihnen waren zwei Rittmeister, in früheren Zeiten Anführer der Stadtsöldner; später hatten sie Grenzstreitigkeiten und Feldmarkangelegenheiten zu schlichten. Dann kamen die Kämmerer, in deren Ressort Vormundschaftssachen und Bagatellsachen gehörten, während die eigentliche Jurisdiktion der Richter übte. Über diesem aber standen der erste Bürgermeister und zwei Syndici als Appellationsinstanz. Vor 1400 war alle obrigkeitliche Gewalt in den Händen der Patrizier. Eine Revolution, die im Zusammenhang mit der großen demokratischen Bewegung, welche in jener Zeit alle Städte Deutschlands ergriff, diesem Stande der Dinge ein

Ende machte, brachte auch die Gemeinde zur Stimmberechtigung in den öffentlichen Angelegenheiten, und neben den Rat traten als Ausschüsse der Bürgerschaft der Erbsassenstand und der Vierundzwanzigerstand. Aus dem Erbsassenstand war jährlich der Richter zu wählen, der dann am Tage Matthäi in dem Richtstuhle auf der Balustrade vor dem Rathause sitzend seinen Diensteid schwur. — Auf den Reichstagen hatte die Stadt Sitz und Stimme auf der Bank des Kollegiums der Reichsstädte und war mit 108 Talern zu einem Kammerziel angesetzt. Infolge der Verhandlungen zu Rastatt und Regensburg wurde sie 1802 mediatisiert und zur Entschädigung des Hauses Nassau-Oranien bestimmt; 1808 mit dem Großherzogtum Berg vereinigt, kam sie im Jahre 1815 unter das preußische Zepter. Jetzt gehört sie dem Regierungsbezirk Arnsberg an und ist der Sitz des Westfälischen Oberbergamts.

Auch in der Gelehrtengeschichte Westfalens ist Dortmund nicht ohne Bedeutung; es trat früh zur reformierten Lehre über, wie Hamm, Soest und der größte Teil des sogenannten Hellwegs; im 16. Jahrhundert führten seine Bürger jährlich zwei Tage nacheinander unter großem Zulauf auf dem Markte „schöne Comödien und Actiones aus der biblischen Geschichte" auf. Auch besaß Dortmund ein berühmtes Archigymnasium. Gute Druckereien waren in der Stadt, wie denn hier der berühmte Medicus Bernhard Thurneyser zum Thurn die Kupfertafeln zu seinen Werken „Archidoka" und „Quinta essentia" drucken ließ. Dann knüpft sich an die Stadt ein für die deutsche Literatur und den deutschen Buchhandel bedeutsamer Name: der von Friedrich Arnold Brockhaus, Gründer der Firma F.A. Brockhaus, welcher am 4. Mai 1772 in Dortmund geboren wurde. Die ausgezeichneten Köpfe, welche Westfalen hervorgebracht hat, haben zumeist außerhalb ihrer Heimat die Gründer ihres Glücks werden müssen, so auch

Brockhaus: er kam früh nach Holland, errichtete 1805 zu Amsterdam eine Buchhandlung, kehrte aber nach der französischen Besitznahme Hollands 1810 nach Deutschland zurück, rief hier, zuerst in Altenburg, dann seit 1817 in Leipzig, durch seine Tätigkeit und Umsicht eine ganze Reihe von einflußreichen literarischen Unternehmungen ins Leben.

Das beachtenswerteste Baudenkmal ist die St.-Reinoldskirche — dem tapfersten der vier Söhne Haimons geweiht. Die vier Haimonskinder sind nämlich geborene Dortmunder. ,,200 Jahre vor Karl dem Großen'', versichert das zu Antwerpen 1518 gedruckte ,,Chronicum belgicum'', ,,lebte zu Dortmund Graf Heimo, der mit Frau Aya, des Königs der Agrippinen (Kölner) Tochter, vier Söhne erzeugte: Reinold, Rütger, Olivier und Adalbert. Diese stritten mit ihrem Oheim Karl, König der Agrippinen, gegen die Hunnen und Goten. Sie wurden gefangen und für ihren christlichen Glauben zu Tode gemartert. Reinold liegt zu Dortmund, Adalbert zu Corbeja in Frankreich begraben.''*) Besonders der Chor der Reinoldskirche ist ein schöner und stattlicher Bau, eine Schöpfung der ausgebildeten Gotik, vollendet um 1450, als würdiges Denkmal der Blütezeit eines mächtigen deutschen Gemeinwesens. Das Schiff dagegen stammt aus der älteren romanischen Epoche. Die Kirche ist außerdem reich an guten Glasmalereien und plastischen Kunstwerken und Schnitzarbeiten, die mit löblicher Sorgfalt erhalten sind. Auch die uralte Marienkirche ist architektonisch beachtenswert, sie besitzt treffliche Altargemälde aus der Zeit von 1422-32. Die katholische, ehe-

---

*) Eine andere Sage, wie das edle Haimonskind in Köln erschlagen und seine Leiche nach Dortmund gebracht sei, enthalten Gisbert Freiherrn Vinckes ,,Sagen und Bilder aus Westfalen'', S. 308

malige Dominikanerkirche, enthält die großen Altargemälde der Dortmunder Meister Victor und Heinrich Dünwegge, die, zwei Hauptnamen der westfälischen Kunstschule, doch nicht mehr auf der alten idealen Höhe stehen, sondern von dem Realismus der Niederländer bereits völlig beherrscht sind. Die Dünwegge lebten um 1520 in Dortmund. Kugler wirft in seiner ,,Geschichte der Malerei'' ihnen sowie den westfälischen Malern ihrer Zeit eine empfindungslose und grelle Zusammenstellung der Farben bei sonst kräftigem Colorit vor; doch stehen sie den Kölner Meistern ihrer Zeit im Ganzen nicht nach, wenn sich auch gerade bei ihnen am schlagendsten der große Rückschritt beobachten läßt, den die Kunst seit den Zeiten des unvergeßlichen Meisters von Liesborn in Westfalen durch die realistische Tendenz gemacht hatte.

Bevor wir Dortmund verlassen, werfen wir noch einen Blick auf die Dingstätte der Feme, die neben der Stadtmauer auf dem Grund und Boden des ehemaligen Königshofs, der Villa regia, steht.

Der historische Roman hat ohne Zweifel viel beigetragen, um eine gewisse geschichtliche Bildung in einem Teile des Publikums zu verbreiten, welches sonst sich um die Ereignisse der Vergangenheit sehr wenig gekümmert haben würde. Über einen Gegenstand jedoch haben unsere älteren Romanschriftsteller nur die verkehrtesten und verworrensten Vorstellungen wachgerufen. Dies ist das Institut der Femgerichte, der ,,heimlichen Acht'' auf der roten Erde.*)

Wenn das Wort Femgericht genannt wird, so eröffnet sich

---

*) Sowohl der Ausdruck ,,Feme'' als ,,rote Erde'' ist bisher nicht genügend erklärt worden. Wir glauben, das Wort ,,Feme'' kommt von wehm oder wihmen, womit der Westfale Querhölzer bezeichnet, oben

vor einem großen Teile unserer Leser die Aussicht in düster erleuchtete Gewölbe, worin auf blutige Marterwerkzeuge der rote und grelle Schein der Fackeln und Kienspäne niederglüht, wo die unterirdischen grausenerweckenden Gestalten der Richter mit hohler Stimme hinter Larven her die verbotenen und heimlichen Gedinge halten, um Frevel zu strafen oder noch größere zu begehen. Wer von der Feme ein richtiges Bild geben will, muß aber leider diese ganze Theatermaschinerie, dies ganze süßschauerliche Kulissenwerk aus Veit Webers ,,Sagen der Vorzeit'', aus dem ,,Käthchen von Heilbronn'' und der ,,Anna von Geierstein, die Tochter des Nebels'' zusammenreißen und hell über die nächtlichen Gespenster des Romans die Sonne leuchten lassen, mit klarem Schein, wie sie am Himmel stehen mußte, falls der Freigraf vor aller freier Männer Augen an der Kreuzstraße, wo drei Wege sich schieden, ein ,,echtes Ding'' hegen durfte. Der Geist dieses denkwürdigen Instituts war kein anderer als der des ganzen Mittelalters, auf dessen Boden es erwachsen; er hatte mit Nacht und Heimlichkeit nichts gemein, er war der Geist ritterlicher Ehre und strenger Gerechtigkeit ohne Ansehen der Person, seine Tendenz Erhaltung alter strenger Sitten und Tugenden, Heiligbewahrung von Manneswort und Mannestreue;

---

in einer Höhe angebracht — man hängt Schinken an den Wihmen oder Wehm, der Hahn übernachtet mit seinen Hennen auf dem ,,Hühner-Wihmen''. Danach ist Femgericht nichts anderes als Galgengericht — die Feme kannte keine andere Strafe als das Hängen. — ,,Rote Erde'' kann entstanden sein aus dem Wort borotra. Die fränkische Gaueinteilung bezeichnet die Gegend von Dortmund als Gau oder terra borotra. Vielleicht auch ist rote Erde ein verstärkter Ausdruck von Erde überhaupt, von der wirklichen Erde, auf welcher draußen in freier Luft die Femgerichte gehegt werden mußten, im Gegensatz zur Kammer.

die Ehre vor allem war der Grundpfeiler des Instituts, Gott, König und Recht der Wahlspruch. Es leidet keinen Zweifel, daß das Femgericht in den Jahrhunderten seiner Blüte eine wahre Segnung für einen großen Teil von Niederdeutschland gewesen ist; wo die Treuga Dei, wo der Kirche Gebot, der Religion mahnende Stimme, des Papstes Bannstrahl, des Reiches Acht und Aberacht, des Kaisers Landfrieden ohne Wirkung blieben auf die unendliche Roheit, die maßlose Willkür unzähmbarer Gemüter, da erweckte der Feme Ladung, des Freigrafen Spruch die demütigste Angst; wem in der Mitternacht die drei Späne aus dem Burgtor gehauen worden, der wußte, daß ihn die Strafe ereile, vor der es keine Flucht, keine Gnade gab. — Herzog Adolf von Schleswig war vor den Freien Stuhl geladen. „Wenn Ihr hingeht", sagte Herzog Wilhelm von Braunschweig, sein bester Freund zu ihm, „so werde ich als Freischöffe Euch an den nächsten Baum hängen müssen oder baumle selber", und Herzog Adolf bat den Rat des mächtigen Lübeck, ihn gefänglich zu bestricken, daß er nicht gehen könne. — Der Graf von Wernigerode ritt unter freiem Geleit mit Bischof Albrecht von Magdeburg und beider Rittern einst über den Heerweg; da begegneten ihnen die westfälischen Schöffen, nahmen den Grafen aus der Schar heraus und hängten ihn „darumb er viel Untreu geübet hätt", wie die Chronik sagt. So hatte jeder „feldflüchtige, treulose und hängmäßige" Mann das Schwert des Damokles ob seinem Haupte schweben.

Alles Recht jener Zeit ward, wo es überhaupt zu Worte kam, gelähmt, durch Verschleppung und Endlosigkeit des Verfahrens, durch Mangel der strikten Vollziehung; die Feme nur sprach nicht allein, sie übte auch Recht; die Bedingungen solcher Wirksamkeit waren natürlich rasche Prozedur und Unbeugsamkeit der zur Vollstreckung berufenen Werkzeuge. Das war in jener Zeit etwas Unerhörtes; der langmütigen Gerechtigkeitspflege der Epoche gegenüber wirkte sie wie eine übermenschliche, und wenn sie allein durch die Kraft des in ihr lebendigen Geistes Wirkungen sichtbar machte, die ganze Scharen von Reisigen, ganze Heere nicht erzielten — wie die Bestrafung mächtiger, auf den Schutz von Burgmauern und Vasallen trotzender Herren —, so mochte sie freilich schon in den Augen der Zeitgenossen etwas gespenstisch Dräuendes und Schreckhaftes bekommen; mancher Wanderer mochte ein Kreuz schlagen, wenn er durch den stillen Tann schritt und plötzlich an einen Ast gehängt ein Leichnam ihn angrinste, und das darunter im Stamme des Baumes steckende Messer von der Rächerhand der Feme sprach. Unsere Freischöffen sind eine Art romantischer Verkörperung der klassischen Erinnyen, der „guten Göttinnen", vor denen kein Entrinnen war.

Die höchste Blüte mag die Feme im 15. Jahrhundert erreicht haben; da wagte es der Freistuhl zu Wünneberg, Kaiser Friedrich III. und seinen Kanzler, Bischof Ulrich von Passau, vor sich zu heischen, um Leib und Leben und höchste Ehre, bei Strafe, daß er sonst für einen ungehorsamen Kaiser zu erachten; da waren über 100.000 Freischöffen über ganz Deutschland verbreitet, und in ihrer Zahl zu sein rechneten die mächtigsten Fürsten sich zur Ehre. Der eigentliche Sitz war und blieb dabei aber immer Westfalen, der Dortmunder Stuhl bildete eine Art Revisionsinstanz, und an ihm oder im Baumhofe vor dem Schlosse zu Arnsberg kamen die Freigrafen zum Kapitel zusammen.

Schwerer, als den Zeitpunkt der Blüte der Femgerichte anzugeben ist es, die Entstehung des Instituts aufzuhellen. Die Feme behauptete, Karl der Große habe sie eingesetzt; man findet auch die Verbrechen, über welche sie ursprünglich zu richten hatte, als Entweihung der Kirche, Abfall vom Glauben, Raub und Gewalttätigkeit u.s.w. beinahe gleichlautend in den Kapitularien Karls des Großen aufgezählt, als unter Königsbann gehörend, d.h. in die Sphäre der richterlichen Gewalt fallend, welche im Namen des Königs von den Grafen in den alten sächsischen Gerichten freier Männer ausgeübt wurde. Wenn nun noch Wigand in seinem gediegenen Werke über das Femgericht die unleugbare Verwandtschaft der freien Stuhlgerichte mit den altsächsischen Freigerichten der Karolingischen Zeit in den Personen des Richters, des Frohn, der Schöffen, der Wissenden oder des Umstandes dargetan hat, so schließt man wohl mit Recht, daß die Feme nichts anderes als eine eigentümliche Entwicklung der Einrichtungen Karls des Großen sei, eine Fortsetzung jener Freigerichte im alten Sachsen, und das sich nicht an ein bestimmtes Datum ihre Einsetzung knüpfen lasse. Noch im 13. Jahrhundert haben sie die Natur kaiserlicher Landgerichte und bestehen friedlich neben den landesherrlichen Gerichten, die Freigrafschaft neben der Gaugrafschaft, nur höheren Ranges sich haltend, wie der Kaiser, von dem der Freigraf seine Gewalt ableitet, einen höheren Rang hat in der Ordnung der sieben Heerschilde, als der zum Landesherrn gewordene Gaugraf.

Der Krebsschaden des Instituts war der Mangel an einer feststehenden materiellen Rechtsnorm: es wurde gerichtet nach altem Herkommen, nach Eike von Repkows „Sachsenspiegel", nach den besonderen Überlieferungen jedes einzelnen Stuhls; diese widersprachen aber oft sich schnurstracks in ihren Entscheidungen; an einem war Recht, was am andern Unrecht war, und so verlor das Gericht an Würde, es begann auch Willkürlichkeiten, griff in fremde Jurisdiktionen über, verletzte päpstliche und kaiserliche Privilegien (de non evocando), und wenn auch der oberste Stuhlherr dadurch sich veranlaßt sah, vom Kapitel der Freigrafen in Arnsberg sogenannte

Reformationen (1437 und 1442) vornehmen zu lassen und zu geschriebenem Recht zu machen, so wich doch mehr und mehr der alte ehrfurchtgebietende Geist der Feme. Umsoweniger konnte sie der gelehrten Jurisprudenz, die seit dem 12. Jahrhundert von den oberitalienischen Schulen eines Irnerius und Accursius aus über Deutschland Macht bekam, widerstehen und wurde endlich selbst vor das Hochnotpeinliche Gericht Kaiser Karls V. gestellt und zum Tode verurteilt. Durch das neue Gesetz — die sogenannte Carolina — wurde der Inquisitionsprozeß als der von nun an deutsche festgestellt, und das alte Accusationsverfahren der Freigerichte behielt nur noch ein prekäres Dasein.

Bestimmter als das materielle Recht der Feme war die Form des Verfahrens. Die übergroßen Förmlichkeiten sind oft nur ein Zeichen von der Halt- und Ratlosigkeit einer Legislation; so mochte auch der Freigraf um so sorgfältiger alle Vorschriften bei der Hegung des Gerichts beobachten, um so genauer darauf sehen, daß der Frohn jedes Wort der alten Reime dabei hersage, je mißlicher ihm die Entscheidung der Sache selbst schien. Der Freigraf wurde von dem Stuhlherrn (oberster Stuhlherr ward nach Heinrichs des Löwen Sturz 1180 der Erzbischof von Köln als Herzog von Westfalen, die einzelnen Femgerichte oder Stühle jedoch hingen von Dynasten, Städten, Stiftern, denen der Kaiser sie zu Lehn gegeben, ab) eingesetzt; die Schöffen aber wurden aus dem Stande der Freien, von den Femgenossen selbst unter vielen Förmlichkeiten angenommen und mit den Heimlichkeiten bekannt: „wissend" gemacht. (Daß, während überall in Deutschland der Stand der Freien beinahe völlig ausging und in Ministerialen und Schutzhörige und Cerocensualen u.s.w. im Laufe der Zeit sich verwandelte, in Westfalen soviel alte Freie auf angestammter Wehre sich erhielten und bis auf unsere Zeit Namen und Rechte zu behaupten wußten, ist ein Umstand so eigentümlich wie das Femgericht selbst, dessen Fortbestand er bedingte). Jene Heimlichkeiten der Feme bestanden in einem Freischöffengruß: „Eck grüt ju, lewe Man, wat fange ji hie an?" Der Wissende erwiderte: „Allet Glück kehre in, wo de Fryenscheppen syn." Ferner in drei geheimen Alphabeten, Erkennungszeichen bei Tische (sie legten das Messer mit der Spitze sich zugekehrt hin), einem Notwort: „Reinir dor Feweri", und der Losung, „Stock, Stein, Gras, Grein"; die Verletzung der Heimlichkeiten wurde durch Ausreißen der Zunge und andere Grausamkeiten gerächt. Zum Gerichte gehörten außer dem Freigrafen sieben Schöffen, ein Frohn und oft auch ein Schreiber. Der Freigraf hegte mit ihnen entweder ein offenes Gerichte„ wo keinem der Zutritt verwehrt war, oder ein Stillgericht, ein geschlossenes, heimliches, wobei nur Wissende den Zutritt hatten; dieses heimliche aber bedeutete nur das Geschlossene, Besondere, Vertraute; so kommt das Wort oft vor, ein hessischer Fürst nannte seinen Amtmann: „lieber Heymelicher und Getreuer"; „Gerhard von Nassawe und lyse frawe von Meerenberg" schlossen einst „eine Heimlichkeit und eine Ehe". — Beide Arten von Gerichten wurden nun aber entweder an gewissen bestimmten Tagen nach alter Sitte gehegt und hießen dann: Ungebott oder echte Ding; oder der Freigraf gebot eine außergewöhnliche Zusammenkunft der Schöffen zum Stuhle; sie hießen dann gebotene, verbotene Gerichte; Verbotung war soviel als Zusammenberufung und der Frohnbote war der Verboter; judicia vetita ist also eine ganz falsche Übersetzung.

Die Feme hörte schon in den früheren Zeiten ihre Wirkens auf, über Streitigkeiten des Privatrechts zu entscheiden und beschränkte sich auf die peinlichen Fälle; rasches Verfahren machte hier vorzugsweise die zusammengeboteten Gerichte nötig und so bekam das ganze Institut den Namen der verbotenen Gerichte.

Bei der Hegung selbst hatte vor allen der Freifrohn viel mitzureden. ,,Der frygreve sall (waffenlos und nüchtern) up den frien Stoel sitten gan und beginnen des alsus: ,Ich fragen dich frifrone, off des wol dach und tyt sy, dat ich in Stat und Stoel uns gnedigsten Hern des Romschen Keysers ein hillig ding und gerichte hege und spanne to rechte under Konigs Banne?' '' Der Freifrohn bejaht dies und heißt hegen ,,mit eyme swerde und strycke oder seyle dairby''. Der Freigraf schließt darauf die Unwissenden aus: ,,by deme banne und hogesten Wedde as by der wedt (Weide) und reype'' (Strick), und verbietet alle ,,Dingslege'' oder Störung; wer dagegen sich verfehlt, sich einschleicht, ,,belustert'', den, gebietet der Freifrohn dem Grafen, ,,sollt ihr noymen mit syme kristlichen namen und binden eme syne hande vur (vorn) to samen und doin eme eyn sehl oder Weet umb synen Hals und hangen ene an den ersten boym den ir dan da gehaven mogen.''

Die Klagen wurden nun angebracht, die Ladungen verfügt, drei- oder viermal nacheinander, die Urteile von den Schöffen, den eigentlichen Richtern in unserm Sinne, aus der Rechtsquelle geschöpft, ,,gewyset'' (daher Wyser, Wisende), von dem Freigrafen ausgesprochen, von dem Umstande ,,den Standgenoten, fryen scepenbaren Mannen'' gebilligt oder ,,gescholten''. Der Eid zweier oder dreier Schöffen gegen den Angeklagten galt als voller Beweis; doch konnte der Beklagte durch seinen Eid und den von sechs Eideshelfern sich wieder reinigen, dann wieder überführt werden durch den Eid von 14 Eideshelfern des Klägers u.s.w. Dies hieß übersiebnen. Die Bitte um Revision einer abgeurteilten Sache mußte eingeführt werden von dem Verfemten mit einem Strick um den Hals, einer Königsmünze in der Hand und unter Fürsprache zweier Schöffen. Dann konnte die Acht von ihm genommen werden. Die Acht selbst aber, welche der Freigraf über den Verbrecher aussprach (der nicht etwa auf handhafter Tat: „hebender Hand, blinkenden Scheines, gichtigen Mundes" von zwei Schöffen ertappt und dann auf der Stelle gehängt war) lautete also:

„Den Beklagenden man mit namen N. den neme ich hir up und uit dem vreden, uit den rechten und frieheid, as die Paiste und Keiser gesatt heben — — — in dem lande to westfalen und werpe ene neder und sette ene uit allen vreden in den hogesten unvreden und ungnade, und make en unwerdig, achteloß, rechtloß, vredeloß und unbequeme, und wyse synen hals dem reype, synen lychnam den vogelen und dieren in der luft to verteren, und bevele sine seyle gade van hemele in syne gewalt, und sette syne lene und gut ledig den heren, dair di van rorende sint (von denen sie herrühren), syn Wiff Wedwe, sine Kinder weysen." — Der Freigraf nahm dann den Weidenstrick, bog ihn und warf ihn aus dem Gerichte hinaus und der sämtliche Umstand spie aus; „gelich off men den selven vort ter selven stond henge." Doch ist die Formel nicht feststehend.

Der Freistuhl zu Dortmund ward als der oberste betrachtet, die Kapitel kamen abwechselnd bei ihm wie in Arnsberg zusammen, Kaiser Sigismund ließ sich 1429 bei ihm wissend machen; er hieß der Spiegel, des Königs und des heiligen Reichs heimliche Acht und Kammer. Sein Stuhlherr war der Graf von Dortmund, der als alter Karolingischer Comes, ohne Landesherr zu werden oder zu einem Landesherrn in untergeordnete Verhältnisse zu treten, fortfuhr, unmittelbar im Namen des Königs den Stuhl zu besetzen; er war eine Art Erbrichter des Reichs und in seine Hände legte der Kaiser bei der Krönung zu Aachen den Eid ab, „daß in seynem Herzen beslossen sein söllent alle Recht u.s.w. mit mereren Worten, als dann ainem jeglichen Romischen Kunig durch den Erbgrafen us Westfalen zu Auche in den aid gegeben wirrt''.

Die älteste Stätte des Freistuhls bei Dortmund ist die ,,auf dem Königshofe unter der Linde''; als aber 1343 der Erbgraf Konrad von Lindenhorst seine halbe Grafschaft dem Rate von Dortmund verkaufte und dieser nun Mitstuhlherr wurde, verlegte er den Malplatz in die Stadt auf den Markt; nach einem halben Jahrhundert jedoch fand man es für gut, wieder hinauszuziehen an den Stadtgraben unter die Linden. Als am Ende des 15. Jahrhunderts die Grafen von Lindenhorst ausstarben, kam, wie wir sahen, die Freigrafschaft völlig in den Besitz der Stadt.

Aber das Femgericht war damals bereits um seine alte Bedeutung gekommen. Gegen die gelehrte Rechtspflege der ,,Legisten und Kanonisten'', die Carolina, den steigenden Einfluß des Reichskammergerichts (seit 1495) konnte es sich nicht aufrechterhalten und so kam es, daß es einen Charakter an vielen Orten völlig veränderte. Es verwandelte sich nämlich — besonders auch im Fürstentum Paderborn — in Land- und Rüge- oder Polizeigerichte, ähnlich den Synodalgerichten der Karolingischen Zeit. Auf die Anklage des vereideten Schöffen hin wurde hier vom Freigrafen darüber Recht gesprochen, was von Vergehen ,,so freien Stiftes Wröge war'' (das Wort ist unser Rüge, englisch wrong) angebracht wurde. Diese Umwandlung fand nun auch mit dem Freistuhl zu Dortmund statt, er ward ein Wrögegericht und konnte sich als solches dann hier um so länger halten, weil die Stadt ihn für das Gebiet der alten Grafschaft, deren Besitzerin sie geworden, bis in unser Jahrhundert hinein bestehen ließ. Die Namen Freistuhlsgericht, Freigraf und Frohn blieben ebenfalls. Das Freistuhlsgericht bestand aus dem Freigrafen und zwei Beiverordneten, einem aus dem Stande der Erbsassen und dem andern aus dem Vierundzwanzigerstande, mit einem Gerichtsschreiber. Einmal des Jahres, am Montag nach Mittsommer, erhöhten das Gerichtspersonal der zeitige Richter der Stadt und die beiden Rittmeister.

Das Freistuhlgericht wurde nämlich des Jahres viermal gehalten, am Dienstag nach den Heiligen drei Königen, am zweiten Dienstag nach Ostern, am Montag nach Mittsommer und am Dienstag nach Lamberti. Eine der untertänigen Bauerschaften mußte nur an dem dritten Gerichtstage erscheinen, die übrigen, und zwar aus jedem Hause wenigstens ein Mann, an allen vier Tagen.

Die Abhaltung des Gerichts war mit folgenden Förmlichkeiten verbunden:

Auf den Glockenschlag, sobald die Beisitzer des Gerichts sich gesetzt, ruft der Frohn dreimal: ,,Tretet heran, ihr Bauern und Bauerrichter!'' Darauf sagt der Frohn weiter: ,,Meine Herren wollen euch die Wroge vorlesen lassen.'' Hierauf treten die Bauern näher und stellen sich um den Freistuhl und der Gerichtsschreiber liest ihnen die Wroge vor.

Dann fragt der Frohn den Freigrafen: ,,Herr Freigraf, wollt Ihr mir erlauben, daß ich mein Schwert ziehe?''

Der Freigraf antwortet alsbald: ,,Ziehe dein Schwert!''

Nun zieht der Frohn das Schwert, hält es in die Höhe, schwingt es über die versammelten Bauern und ruft: ,,Wapen! Wapen! Wapen!'' dreimal, und das dritte Mal setzt er hinzu: ,,Alle, die unter dem Schwerte von Dortmund sitzen, sollen meinem Herrn gehorsam sein.''

Die Überlieferung hat eine erweiterte Formel dieses Ausrufs des Frohn aus dem vorigen Jahrhundert erhalten, nämlich:

O weh! o weh! o Wapen!
Uwer Schüren unde Brakel!

Alle, die unner diesem Swerte stahn,
De sind düesem Swerte untertan!
We klagen will, de klage vast!

Nach diesem fragte der Frohn, ob der Freigraf erlaube, daß er sein Schwert wieder einstecke. Nach erhaltener Erlaubnis ruft der Frohn: „Ihr Bauern weichet ab! Meine Herren geben euch Bedenken!"

Nachdem die Bauern seitwärts einige Zeit abgetreten, werden sie vom Frohn, und zwar eine Bauerschaft nach der andern, wieder vor den Freistuhl gerufen und die Verhandlung beginnt. Die Gerichtsgenossen zeigen nun an, was seit dem letzten Gerichtstage gegen das Gesetz vorgefallen sei. Dies alles gehört zur Wroge, nach welcher die Rüge folgte, das heißt, der Angeklagte, der sich nicht verantworten konnte, wurde bruchfällig erklärt und mußte nach Recht sühnen oder büßen. Die Klagfälle, welche vor dem Freistuhlgericht verhandelt wurden, waren im Statutenbuche aufgeführt: Wer dem Nachbar zu nahe gegraben oder gebaut; wer Kirchhöfe, Gräber oder andere heilige Stätten verletzt; wer gestohlen Gut erwirbt oder hehlt; wer Bier braut oder ausländisches Bier holt und verzapft, ohne daß es in Dortmund veracciset ist; wer in dortmundischem Gebiete jagt oder zu jagen versucht hat; wer des Sonntags oder an Feiertagen während der Predigt Branntwein verkauft und zeitliche Arbeit verrichtet; wer ohne Bewilligung des Rats einen Kotten baut, wo vorher keiner war, oder ein Backhaus setzt; wer sein Korn auf einer Mühle außerhalb der Grafschaft mahlen läßt; wer bei Hochzeiten und Kindtaufen gegen die publizierte Ordnung des ehrbaren Rats handelt.

Man sieht also, daß von dem alten Ansehen des Femgerichts in diesem Rügegerichte nichts, und von den schauerlichen Formen im Schwerte und in der naiv gravitätischen Unterhaltung des Frohns und Richters kaum noch ein Schatten erhalten ist.

Das letzte Freistuhlgericht dieser Art unter der Femlinde ist 1803 am Dienstag nach Heiligen drei Königen vom Freigrafen Zacharias Löbbeke gehalten worden.*)

Am längsten erhielt sich die Tradition des Femgerichts in der jetzigen Standesherrschaft Gemen; erst 1811 ist es hier von der französischen Gesetzgebung bei der Besetzung des Landes aufgehoben, ja man behauptet, daß bis in die neueste Zeit hinein die Freibankbauern hier die Bank gespannt und heimliches Gericht gehegt haben, auch sich standhaft weigern ihrer Losung: ,,Stock, Stein, Gras, Grein'' Bedeutung aufzudecken. Auf ein breites Schwert, das sie Kaiser Karls Degen nennen, sollen sie den Schöffeneid abgelegt haben: dem Stuhlherrn treu, hold und gewärtig zu sein, alles, was ,,vehmwrogig'', ,,Straßen-Mühlenmäre'' sei, anzubringen und die Feme niemand zu offenbaren.

Das Aussehen der Malstätte bei Dortmund hat Freiligrath in seinem Einleitungsgedicht zum ,,Malerischen und romantischen Westfalen'' beschrieben:

Dies sind die Linden; — beide morsch und alt!
Rechts die zerbarst; sie klaffe mit jähem Spalt
Auf von der Wurzel bis zur Splitterhaube;
Weit aber greift sie mit den Ästen aus,
Fast wie die Schwester prangt sie grün und kraus,
Und schmückt die Stirn mit frühlingsfrischem Laube.

Dies ist der Tisch; — hart unterm Lindenpaar
Erhebt er sich; du kannst des Reiches Aar
Zur Stunde noch auf seiner Platte schauen.
Der Stadt des Reiches flog sein Adler vor:
Hier auf dem Tische, dort auch überm Tor
Und in den Kirchen weist er seine Klauen.

Seit der Zeit, wo diese Strophen gedichtet wurden, sind die Linden jedoch um vieles älter und verkümmerter geworden, und das nahe Tor mit dem Reichsadler ist niedergebrochen.

---

*)Vergl. Bernhard Thiersch, ,,Geschichte der Freireichsstadt Dortmund'' (Dortmund 1854)

8

Ein Blick ins Süderland. — Das Ruhr- und Lennetal. — Die Suntwicher Höhle. — Die Industriestädte. — Strünkede. — Essen. — Eine amerikanische Stadt. — Duisburg und Ruhrort. — Calcum. — Düsseldorf. — Jakobe von Baden. — Das Herzogtum Berg. — Walzertanz eines Herrscherwechsels. — Die Akademie. — Die letzten Stationen. — Schluß

Die Bahnlinie, welcher wir bisher gefolgt sind, hat uns durch ein wohlangebautes, betriebsames, blühendes, ja zum Teil reiches Land geführt, aber zugleich auch durch eine ziemlich monotone Gegend. Dies ist besonders der Fall gewesen, seit wir mit Bielefeld die letzte Höhengegend hinter uns ließen und die flachen Ems- und Lippetäler durchflogen. So sind wir zwischen dem charakteristischen Wallhecken- und Kämpeland von Westfalen, dem Münsterland, das wir zur Rechten ließen, und dem durch seine landschaftliche Schönheit bekannten Süderland, das uns zur Linken blieb, mitten hindurchgesteuert. Das lang und gerade gespannte Haarstranggebirge, welches vom Osning im obern Fürstentum Paderborn in westlicher Richtung zum Rheine zieht, trennt uns von dem Tale der Ruhr, in dem die landschaftliche Schönheit Westfalens sich am reichsten entfaltet. Da ist das malerisch liegende, von der Ruhr in kühnen Bogen umschlungene Arnsberg, die Hauptstadt des Herzogtums Westfalen, einst dem Krummstab von

Köln untertänig — mit seinem Schloßberg, seinem Kloster Weddinghausen, seinen Erinnerungen an Friedrich den Streitbaren, den zornigen Feind des Kappenberger Klostertums, und an Gottfried von Arnsberg, mit dem das alte Geschlecht der Vorstreiter in den Kämpfen des Reichs zwischen Weser und Rhein erlosch; da ist Herdringen mit dem schönen neuen Schlosse des Grafen von Fürstenberg; da ist das freundlich und idyllisch gelegene ehemalige Zisterziensernonnenkloster Fröndenberg, am Einfluß der kleinen, von Balve und Menden kommenden Hönne in die Ruhr — jene Klosterstiftung des heiligen Menricus, der mit der Muttergottes auf so freundlichem Fuße stand, daß sie sich zutraulich gegenseitig den Morgengruß sagten: ,,Salve, sancta parens!'' — ,,Salve beate Menrice!'' Das Nebental der Hönne hat dann wieder seine großen und berühmten Schönheiten, seinen von den Burgruinen von Klusenstein überragten Felsenpaß, und besonders seine Höhlen und Grotten, von denen die mehr oben, in der Nähe des durch seine Metallindustrie berühmten Iserlohn liegende Suntwicher Höhle die mächtigste und merkwürdigste ist; sie zeigt weite Hallen, ganze mit Tropfsteinbildungen erfüllte Dome — von 30 Fuß Höhe und mehr denn 80 Fuß Länge —, den berühmtesten Stalaktitengrotten aller Länder sich an die Seite stellend.

Folgen wir dem Laufe der Ruhr weiter hinab, so entwickelt sich vor uns eine anmutige landschaftliche Szenerie nach der anderen: Schloß Ardei, Dellwig, Villigst und Schwerte, die sagen- und märenreiche Gegend, dann das prächtige Hohensyburg, welches den Einfluß der aus den Bergen des Sauerlandes sich heranschlängelnden Lenne beherrscht — geweiht durch Geschichte und Sage, denn Syburg ist eine alte sächsische Feste, zweimal von den Franken Karls des Großen erstürmt (772 und 775), seine Kirche ist von Papst Leo III.

geweiht und aus seinem „Petersbrunnen" ist das Wasser zur Taufe der Heiden geschöpft. Voll malerischer Schönheiten ist dann wieder das Lennetal mit seinem pittoresken Limburg und Schloß Hohenlimburg, mit seiner stolzen Feste Altena, der Stammburg berühmter Herrschergeschlechter von der Mark und Berg; weiter hinauf die Burgen von Schwarzenberg, Bilstein und soviel andere Punkte, daß man das Lennetal eines der schönsten und malerischsten kleinen Flußtäler Deutschlands nennen darf. Die Ruhr selbst aber, um ihr treuzubleiben, schlängelt sich von Syburg nach Herdeke — „Hertas Eiche" erklärt patriotische Philologie — mit dem von Karl dem Großen gegründeten Frauenstift, dem Frederuna, des gewaltigen Frankenkönigs Schwester oder Nichte, als erste Äbtissin vorstand; dann wirft sie sich nach kühner Bogenwendung zwischen Vollmarstein (links) und Wetter (rechts) hindurch — jenes die Stammburg mächtiger Grafen, Wetter ein betriebsamer Ort, mit einem Burghaus, das den Drosten der Grafen von der Mark als Amtssitz diente, mehrere Jahre hindurch Aufenthalt des Ministers von Stein war, der hier als preußischer Bergrat weilte, und jetzt in eine Eisengießerei des Volksmanns Harkort umgewandelt ist. Bei Wetter überschreitet die von Elberfeld kommende Bergisch-Märkische Eisenbahn die Ruhr. Wir folgen ihr am rechten Flußufer entlang bis Witten, dem freundlichen Städtlein, in dessen Nähe die romantisch gelegene Burg Steinhausen, lange der Staël-Holstein Eigen, dann das merkwürdige von den Ruhrwellen bespülte Burghaus Hardenstein, worauf Ritter Neveling einst den unsichtbaren Gnomenkönig Volmar oder Goldemar, der aus Liebe zu des Ritters schöner Schwester sein Hausgenosse geworden, bewirtete. Dann aber dürfen wir uns nicht weiter verlocken lassen, dem Flußtal abwärts nachzugehen: wir müssen Kemnade, das idyllische Gelände, welches von der alten Feste

Blankenstein beherrscht wird, Hattingen, den Isenberg, Steele, Werden, die alte Abtei St. Ludgers, Kettwig und was alles dort an reizenden Punkten sich aneinanderreiht, mitsamt seinen geschichtlichen Erinnerungen und Denkwürdigkeiten, wozu der Mord des Erzbischofs Engelbert von Köln, die Sage von der Seherin Velleda gehören, beiseite lassen, und von Witten aus mit der Bergisch-Märkischen Eisenbahn den verlassenen Bahnhof von Dortmund wiederzugewinnen trachten. Das gelingt uns denn auch in der Frist weniger Minuten, wenn uns nicht die riesigen industriellen Etablissements und Hochöfen von Hörde, an denen wir auf der kurzen Strecke vorüberkommen, aufhalten. Die Anlagen des Hörder Hüttenvereins sind wegen ihrer Großartigkeit berühmt.

Man kann übrigens — und Reisenden, welche nicht sklavisch an die Minute gebunden sind, nicht etwa beabsichtigen, noch am Abend in Köln einen Anschluß an die linksrheinischen Bahnen oder die Rheindampfschiffe zu benutzen, raten wir dies dringend — in Dortmund die Köln-Mindener Bahn verlassen, um auf der Bergisch-Märkischen den Rhein zu erreichen. Man hat den Vorteil der unendlich interessanteren Fahrt durch das Ruhrtal, an Herdeke und Hagen vorüber, der „Enneper Straße" nach, an Schwelm her und durch die in ihrer Art einzigen Industriestädte des Wuppertals, jenes stundenlange Barmen und Elberfeld mit seinen Hunschaften —, eine Gegend, die vom anziehendsten Gemisch von Gärten und Wiesen, schimmernden Landsitzen, Siedlungen der Fabrikarbeiter, Industrieanlagen vom kleinen Mühlenwerk bis zur riesigen Spindelkaserne und Webstuhlpalast, von Brücken und farbenglänzenden Färbereien und Bleichereien unübersehbar weit bedeckt und malerisch überstreut ist. In der Tat, dieser Anblick, diese Schöpfungen deutscher Betriebsamkeit, deutscher Tüchtigkeit in Gewerbe und Leistung sind so großartig, so verheißungsvoll für eine große und stolze Zukunft des Vaterlandes, daß sie den kurzen Umweg aufs reichlichste lohnen.

Wir aber folgen unserer festgestellten Reiselinie — wir verlassen Dortmund und berühren nur noch ein paar Stationen auf westfälischer Erde, darunter Herne-Bochum, hinter welcher rechts die alte Wasserburg Strünkede auftaucht, der Schlupfwinkel weiland Ritter Jobst von Strünkedes, von dem es im Liede heißt:

De dulle Joest van Strünkede
Harr nie 'ne Schlacht verluaren,
De Sabel, de em blinkede
De heng bis op de Spuaren.

De gett jar wat te wietten dohn,
Met sine weiste Knappen,
Kän Mensche kon de Landstrot gohn,
Den he nich wacker schnappen.

En Menschenliaven goll em nich
So vüül as us de Flaigen,
Un Gnade Guatt den armen Wicht,
Den sine Rüens jaigen.*)

---

*) Ins Hochdeutsche übertragen lautet die obige Probe des in diesem Teile der Mark landesüblichen Idioms:

Der tolle Jobst von Strünkede
Hat nie 'ne Schlacht verloren;
Das Schwert, das an ihm blinkete
Hing bis auf seine Sporen.

Die kecksten Burschen lehrt' er flieh'n
Mit seinen wüsten Knappen.
Kein Mensch durft' mehr des Weges zieh'n,
Nach dem er nicht tat schnappen.

Ein Menschenleben galt ihm nicht
Soviel wie uns die Fliegen,
Und Gnade Gott dem armen Wicht,
Den seine Rüden kriegen!

Kurz hinter der Station Gelsenkirchen erreichen wir die Grenze der Grafschaft Mark. Essen, dessen Bahnhof 25 Minuten von der Stadt entfernt ist, liegt bereits jenseits der Grenze, im Lande der Berge, wenigstens gehört es jetzt dem Regierungsbezirk Düsseldorf an, während es früher ein reichsunmittelbares Gebiet einer hochgeborenen Dame war, welche sich ,,des Kaiserlichen freiweltlichen Stiftes Essen Äbtissin, des Heiligen Römischen Reichs Fürstin, Frau zu Breisich, Rellinghausen und Huckarde'' nannte. Inmitten dieses Gebiets von einigen Quadratmeilen und 14.000 Einwohnern behauptete freilich die Stadt Essen wieder als Freie Reichsstadt ein eigenes Gebiet zu bilden, um die politische Einschachtelung vollständig zu machen, bis nach hundertjährigem Prozesse das Reichskammergericht im Jahre 1670 Essen für eine Munizipalstadt und der Äbtissin Untertanin erklärte. Die Stadt liegt wie gesagt beinahe eine halbe Stunde von der Eisenbahn entfernt in einer fruchtbaren hügeligen Gegend, und der betriebsame verkehrsreiche Ort gewährt, wenn man ihn von der Höhe herab, welche ihn von der Eisenbahnstation trennt, vor sich liegen sieht, ein sehr freundliches Bild, das nur etwas zu sehr von Kohlenstaub geschwärzt, von Hochöfen überqualmt ist. Er hat 8-9000 Einwohner, welche sich hauptsächlich vom Bergbau nähren, dessen zuerst im Jahre 1317 Erwähnung geschieht, sowie von einer Fabriktätigkeit, deren berühmteste Erzeugnisse schon oben genannt wurden (Kruppsche Gußstahlprodukte). Von den Gebäuden fällt vor allem die Münster- oder Stiftskirche ins Auge, eine gotische Hallenkirche, vollendet 1316, mit einem westlichen, den Chor der Stiftsdamen enthaltenden Abschluß, welcher in seiner Anlage an das romanische Münster zu Aachen erinnert. Als Stifter des Münsters und des Frauenklosters wird Bischof Alfried von Hildesheim genannt, der auf dem Hofe zu Assinda oder Essinda geboren sein soll. Das Provinzialkonzil zu Köln vom Jahre 873 bestätigte die Stiftung, der Gerswinda, des Bischofs Schwester, als erste Oberin vorgesetzt ward. Schenkungen und Gaben und der Kaiser Freibriefe hoben die Stiftung so, daß sie bald 52 nach der Regel des heiligen Benedict lebende Nonnen zählte, zu denen noch ein Kollegiatkapitel von 20 Stiftsherren sich gesellte. Nach dem Tode des letzten Schirmvogts des Klosters, des Grafen Friedrich von Isenburg (1226), ließ sich die Äbtissin selbst mit der Vogtei belehnen; aus dieser vogteilichen Gewalt und Jurisdiktion wußten dann die klugen Frauen sich nach und nach eine reichsfürstliche zu schaffen. Auch sehen wir seit je Töchter aus den erlauchtesten deutschen Häusern in den geschlossenen Ringmauern des alten Gotteshauses von St. Cosmas und Damianus weilen. Im 10. Jahrhundert ist des großen Kaisers Ottos I. Tochter, Adelheid, Essens Äbtissin; unter ihrer Obhut wuchs hier ihres Bruders, Kaiser Ottos II. Tochter Mathilde auf, jene minnigliche Frau, zu der Pfalzgraf Ezzo in Liebe entbrannte; durch die Hoheit ihrer Geburt von ihr getrennt, gewann er sie endlich in der Pfalz zu Aachen ihrem Bruder Otto III. im Schachspiel ab und führte sie gen Brauweiler bei Köln, in sein Burgschloß heim. Die Äbtissin Franziska Christina von der Pfalz, Karl Theodors Schwester, stiftete 1773 das große und reich dotierte Waisenhaus zu Steele. Die letzte Äbtissin war Maria Kunigundis, königliche Prinzessin von Sachsen und Polen, ihres Bruders des trierischen Kurfürsten Clemens Wenzeslaus zärtliche und unzertrennliche Gefährtin — eine lange magere Dame, mehr durch Vorzüge des Herzens als der äußeren Erscheinung ausgezeichnet und deshalb sowie durch ihre altfränkische Grandezza mitunter die Heiterkeit der zahllosen Emigranten weckend, welche ihren Bruder, den „cher Papa" zu Koblenz umgaben. Pröpstin war zur Zeit der Aufhebung Maria Christina,

Gräfin von Harrach-Rohrau; Dechantin Maria Josepha, Gräfin von Salm-Reifferscheidt; Scholasterin Maria Josepha, Gräfin von Hatzfeld-Gleichen; Küsterin Eleonora, Gräfin von Auersberg. Das Kanonikalkapitel bildete den zweiten Stand des Fürstentums, drei Freiherren den dritten. Der Erbämter gab es vier, der Marschall (von Dobbe), der Drost (von Schell), der Schenk (von Dungelen), der Kämmerer (von Schirp); auch fehlte für das Häuflein von 14.000 Untertanen nicht der ganze Apparat eines Verwaltungswesens, eine hochfürstliche Regierung, ein hohes weltliches Gericht u.s.w. Nach dem Reichsdeputationshauptschluß vom 3. Aug. 1803 ging Essen an die Krone Preußen über. Von 1806-13 dem Großherzogtum Berg einverleibt, seitdem wieder preußisch, ist es jetzt der Sitz eines Bergamts; in der Abtei ist das Lokal des königlichen Kreisgerichts.

Die nächste Station ist Berge-Borbeck, einst ein Lustschloß der Fürst-Äbtissin von Essen, jetzt ein Rittergut, das einen Teil seines Areals zu den großen Hochöfenanlagen des ,,Phönix'' hergegeben hat, an denen die Schienenstraße sich unmittelbar entlangzieht. Linksab von hier führt eine Straße nach dem nahen Mülheim an der Ruhr, das in anmutiger, dichtbevölkerter Landschaft neben dem von einer schönen Kettenbrücke überspannten Fluß liegt, über ihm auf der Höhe die alte Herrschaft Broich — lebhaft, verkehrreich, fabriktätig und industriös, wie sie das alle sind, diese Städte des Ruhr- und Lippelandes. Die Eisenbahn aber führt uns weiter nach Oberhausen, mitten in eine Landschaft, welche eine Staffage von nordamerikanischem Gepräge hat: wir befinden uns in ödester Sandgegend, die kaum dürftigen Fichtenaufschlag nährt, in einer wahren Urheide; und mitten in ihr erblicken wir die Schöpfungen des modernsten Kulturlebens, eben aus dem Boden gestiegene Stationsgebäude, Häuser,

Hotels, Fabriketablissements, und ehe viel Zeit verfließt, wird mit amerikanischer Schnelligkeit eine Stadt aus diesen Sandhügeln aufwachsen, das verbürgt der Knoten der Bahnlinien, der hier sich schürzt. Linkshin nämlich zieht der Schienenstrang der Köln-Mindener Bahn nach Duisburg, in gerader Linie vor uns fort der nach Ruhrort, rechtsab wirft sich der nach Wesel, Emmerich, Arnheim, Amsterdam; eine neue Linie nach Mühlheim an der Ruhr wird gebaut; von Mühlheim wird sie in zwei Abzweigungen links nach Essen, Steele, Bochum, Witten ziehen, rechts das Ruhrtal hinauflaufen. Bald nachdem wir Oberhausen verlassen, donnern die Bogen der zinkbedeckten Ruhrbrücke unter unseren Waggons, und wir gelangen nach Duisburg, das etwa fünf Minuten weit vom Stationsgebäude rechtsab liegen bleibt — eine alte Reichsstadt, früher schon, als die Mündung der Ruhr beherrschend, von Bedeutung und im 12. und 13. Jahrhundert ein Haupthandelsplatz am Niederrhein. Im 14. Jahrhundert verlor Duisburg seine Reichsfreiheit und wurde klevische Landstadt; in den Jahren von 1655 - 1819 war es klevische Landesuniversität. Obwohl es sich durch Handelstätigkeit und Industrie von dem Aufschwung der Neuzeit nicht ausschließt, hat es doch viel an das mächtig emporblühende, den Kohlenhandel Westfalens mit dem Rheinlande zum größten Teil vermittelnde Ruhrort, diese Schöpfung der Gegenwart verloren, das mit seinem ausgezeichneten Rheinhafen, seinen Werften und seinen Docks es an Wichtigkeit für Schiffahrt, Spedition und Verkehr jetzt bereits überflügelt.

Die nächste Station ist Calcum; in der Nähe liegt das Schloß des Grafen Edmund von Hatzfeld-Wildenburg-Weißweiler, der bekannt geworden ist durch die Rolle, welche er in einigen causes célèbres der vierziger Jahre spielte; wie denn das alte und große Geschlecht der von Hatzfeld der politischen wie der Sittengeschichte pikanten Stoff zu liefern immer ziemlich beflissen gewesen ist. Im Mittelalter hießen sie Hapesfeld oder Haitzfeld, ihr Stammschloß lag in dem hessischen Landgericht Battenberg; im 14. Jahrhundert waren sie schon so mächtig, daß sie eine Reihe von Fehden mit den hessischen Landgrafen führen konnten. Zu hohen Ehren gelangte das Geschlecht dann im 17. Jahrhundert durch Franz von Hatzfeld, der 1633 Fürstbischof von Würzburg wurde, und durch dessen Bruder Melchior, den kaiserlichen Feldherrn im Dreißigjährigen Kriege, der mit seinen Brüdern in des Heiligen Römischen Reichs Grafenstand erhoben und mit der großen Herrschaft Trachenberg in Schlesien beliehen wurde. Merkwürdig, zwar nicht für die politische noch auch für die Sittengeschichte, desto mehr jedoch für die der „ars obstetritica" wurde auch des kaiserlichen Generalleutnants Muhme Maria von Hatzfeld, von der die „Limburger Chronik" erzählt: „dergleichen Fall hat sich zugetragen nehst vor wenig Jahren, daß die noch jetzt lebbent Frauwe zum Hirschhorn genannt, geborn aber von Hatzfeldt, schwanger, da der Edler ihr Herr vom Hirschhorn verstorben, und baldt darnach geberet eine Dochter, dardurch alle Lehnstücken verfallen geachtet wurden, Sye aber über wenig Monat, und ohne lange Zeit, nemlich 9 Wochen wieder geborn einen Sohn, damidt etiam physicorum testimonio die Lehnstück erhalten". Dieser, neun Wochen nach der Zwillingsschwester geborene Sohn Ludwig von Hirschhorn wurde in der Tat vom Reichskammergericht zu Speyer als rechtmäßig anerkannt. — Bekannt ist die glänzende Rolle, welche eine Tochter des Hauses, die schöne und geistreiche Sophie von Hatzfeld, vermählt mit dem mainzischen Feldmarschalleutnant Erniture de Coudenhoven, am Ende des vorigen Jahrhunderts spielte — jene allmächtige Freundin des letzten Kurfürsten Friedrich Karl von Mainz, von der die zeitgenössischen Quellen so manchen Zug aufbewahren. Der geistliche Herr, der Erbauer des schöngelegenen Lustschlosses Favorite bei Mainz, fragte eines Tages an der Tafel einen französischen Emigranten: „Avez-vous vu ma Favorite?" — „Monseigneur, j'ai soupé hier avec elle", antwortete der naive Fremdling. — Ein Bruder der Coudenhoven war der Graf Franz Ludwig von Hatzfeld, der als kurmainzischer Generalmajor die Truppen seines Landesherrn befehligte, welche an dem unglücklichen Exekutionszuge der Reichsarmee wider die lüttichschen Patrioten teilnahmen. Er trat dann in preußische Dienste über und 1803 als Besitzer von Trachenberg von König Friedrich Wilhelm III. in den Fürstenstand erhoben, wurde er 1806 zum Gouverneur von Berlin ernannt. Seine Proklamation nach der Schlacht von Jena, jenes „Ruhe ist die erste Bürgerpflicht", ist ein vielausgebeutetes Schlagwort geworden. Seine Gemahlin war die jüngste Tochter des Grafen und Staatsministers von der Schulenburg-Kähnert, jene Fürstin Hatzfeld, deren Geistesgegenwart ihrem Manne das Leben rettete. Wegen einer von den Franzosen aufgefangenen Korrespondenz des Gouverneurs von Berlin mit dem Fürsten von Hohenlohe war derselbe vor ein Kriegsgericht gestellt worden; um seine Begnadigung zu erhalten, warf sich die Fürstin Napoleon zu Füßen; dieser reichte ihr den aufgefangenen Unglücksbrief zum Lesen hin. Die Fürstin zerknitterte in ihrer Aufregung den Brief in ihren Händen und warf ihn dann plötzlich in die nahe lodernde Kaminflamme, die das Corpus delicti verzehrte und damit dem Urteilsspruch seine Grundlage entzog.

So zeigen sich uns beim ersten und oberflächlichsten Blick auf die Geschichte dieser Familie die Hatzfeld mit einer Reihe von großen Episoden der Vergangenheit verflochten, in große mittelalterliche Fehden, in den Dreißigjährigen Krieg, die Revolutionszeit, die Napoleonische Herrschaft — bei dem ersten Adelsgeschlecht, welches uns jenseits der westfälischen Grenze aufstößt, ist dies der Fall, während wir innerhalb dieser Grenzen, obwohl zahlreiche Adelssitze uns zur Rechten und Linken liegen blieben, nirgendwo den Namen eines Geschlechts zu erwähnen fanden, das über die engen Heimatgrenzen hinaus sich einen geschichtlichen Namen zu machen gewußt hätte. Und hätten wir hier den Raum zu solchen Abschweifungen, so würde sich das sofort wiederholen, wenn wir etwas weiter auf unserer Fahrt in die Nähe des Stammschlosses der Nesselrode (Haus Nesselrad bei Leichlingen) gelangen!

Wir nähern uns Düsseldorf. An Pempelfort vorüber, dem Landsitze Jacobis, unter dessen hohen Ulmen einst Goethe, Hamann, die Fürstin Galyzin und so zahlreiche andere Denker- oder Dichtergeister sich ergingen; an einer grünen Gartenwelt entlang, aus der die weißen Pavillons des „Jägerhofs", jetzt Residenz des Fürsten von Hohenzollern-Sigmaringen, hervorschimmern, rollen wir in den Bahnhof ein und befinden uns in der Hauptstadt des bergischen Landes, die heute freilich keine Haupt- und Residenzstadt mehr ist, aber volkreicher, belebter, aufschwungfreudiger, als sie je unter ihren alten pfälzischen Herrschern gewesen. Noch wird das Andenken an diese durch ihre zahlreichen Schöpfungen erhalten, durch Karl Theodors Bauten, die „Karlstadt" mit ihren breiten Alleen, die großen Reiterkasernen, durch das alte winkelige Schloß, welches zuletzt den rheinischen Provinzialständen zum Lokal diente und worin Herzogin Jakobe von Baden nach dem Volksglauben nächtlich umgeht, durch die bronzene Reiterstatue des Kurfürsten Johann Wilhelm auf dem Marktplatze, die Schöpfung des Ritters Grupello, am meisten jedoch durch Wesen und Charakter der Einwohner, die noch heute die frühere Mischung mit dem leichtflüssigen Blute und dem beweglichen Sinn des pfälzischen Naturells verraten. Schon Joseph Gregor Lang in seiner einst vielgelesenen „Reise auf dem Rhein" glaubte sich in der Düsseldorfer Gesellschaft ganz in die obere Pfalz versetzt. Düsseldorf verdankt ja auch seine Existenz als größere Stadt den letzten Jahrhunderten, in welchen es Sitz einer Linie des pfälzischen Hauses war; im 14. Jahrhundert war es noch ein Ort, nicht bedeutender als der Bach, nach dem es seinen Namen erhielt. Doch hatte es am Ende des vorigen Jahrhunderts noch kaum 9000 Einwohner, zu einer Bevölkerung von über 30.000 Einwohnern ist es erst unter dem preußischen Szepter aufgestiegen.

Eine Beschreibung Düsseldorfs dürfen wir hier, auf den Schlußblättern unseres Büchleins, nicht mehr unternehmen. In der Tat erfordert es einen ganzen Band, wenn alledem, was sich in solch einer größeren Stadt an merkwürdigen Ereignissen, denkwürdigen Charakteren, ergreifenden persönlichen Schicksalen, an Kunstwerken und Denkmalen der Vergangenheit zusammenhäuft, eine Schilderung nur irgend gerecht werden will. Für Düsseldorf würden sein Hof- und Fürstenleben, seine Belagerungen, unter denen das verheerende Bombardement durch die Franzosen in der Schreckensnacht des 8. Okt. 1794, sein Muratsches Großherzogtum, seine Akademie mit der Charakteristik ihrer Koryphäen, von Langer, Cornelius, Schadow bis auf die heute blühenden Künstler Lessing, Adolf Schrödter, Achenbach, Sohn, Köhler, Leutze u.s.w., seine berühmten literarischen Namen: Jacobi, Immermann, Schukowski, Heine, seine musikalischen Feste und seine Tonkünstler, seine Kunstschätze in der Galerie der Akademie, in der städtischen Sammlung, in den Ateliers, in der Permanenten Schulteschen Ausstellung, seine Umgebungen, der Hofgarten mit dem Lustschloß Jägerhof, die nahe Rettungsanstalt des Grafen von der Recke-Volmarstein in dem ehemaligen Trappistenkloster Düsseltal u.s.w., einen überreichen Stoff bieten. Wir erwähnen deshalb nur einer Episode aus allem diesen, einer Geschichte, die zu dem, was wir zuerst in der Reihe anführten, zum Hof- und Fürstenleben der Vorzeit gehört.

Die sieben Kirchen Düsseldorfs sind nicht von großer architektonischer Bedeutung, wenn man solche nicht etwa der schmuckreichen Jesuitenkirche zugestehen will; die alte Kollegiatkirche zum heiligen Lambertus ist sehenswert wegen der Grabdenkmale des Kurfürsten Johann Wilhelm und seiner zweiten Gemahlin. Ebendaselbst, in der alten Gruft der bergischen Herzoge, ruhen aber jetzt auch die Gebeine der unglücklichen Jakobe von Baden, und von ihr wollten wir erzählen.

Die Markgräfin Jakobe von Baden war am 16. Jan. 1558 als älteste Tochter Philipps von Baden-Baden und der bayrischen Prinzessin Mechtilde geboren. Im frühesten Lebensalter verwaist, wurde sie am bayrischen Hofe erzogen, wo sie den Grafen Hans Philipp von Manderscheid sah und bald mit aller Leidenschaft ihres jungen, aber heißen Herzens liebte. Philipp von Manderscheid, aus dem alten Grafengeschlecht der Eifel, war ein Herr, der sich eine verwaiste badische Markgrafentochter zu freien immerhin wagen durfte, und so schlossen denn in bester Zuversicht die beiden Liebenden einen Bund für das Leben, zu dessen Bekräftigung sie feierlich das Sacrament nahmen; doch gedachten sie freilich fürs erste ihr Verlöbnis streng geheimzuhalten und beschränkten deshalb ihren Verkehr häufig auf Briefwechsel; selbst dem Vetter Jakobe's, dem Herzog Ferdinand von Bayern, wagten sie nicht sich anzuvertrauen, obwohl er selbst seiner Neigung so nachgegangen war, daß er sich eines Rentschreibers zu München Töchterlein gefreit hatte. Das Verhältnis ward jedoch am Hofe ruchbar; Jakobe hatte wegen desselben Vorwürfe und Kummer zu erdulden, und in trüber Lebenslage schwanden dem verwaisten Mädchen die Jahre der Jugend, bis sie 27 zählte. Fürstliche Brautwerber waren nicht ausgeblieben; Jakobe war es gelungen, sich ihnen zu entziehen; aber leider diente all diese Treue und Standhaftigkeit nur dazu, sie als Opfer des schlimmsten Verhältnisses aufzusparen, welches ihr werden konnte: man führte ihr einen jungen dreiundzwanzigjährigen, von der Natur mißhandelten, an stillem Wahnsinn schon damals leidenden Prinzen, Johann Wilhelm von Jülich-Kleve-Berg zu, den einzigen Sprossen eines großen Hauses, dem man Nachkommenschaft sichern wollte, damit seine Besitzungen nicht an protestantische Seitenverwandte fallen. Der Prinz widerstrebte selbst dieser Verbindung; Jakobe weinte und flehte; aber die katholische Politik wußte den Widerstand eines verzweifelnden jungen Mädchens zu brechen, und der Graf von Manderscheid wurde auf Reisen nach Frankreich geschickt. Er strömte seinen Schmerz in einem rührenden Abschiedsgedichte aus, und als er die Nachricht von seiner Geliebten feierlicher Verlobung mit dem bergischen Prinzen erhielt, fiel er in Raserei und starb darin.

In Düsseldorf wurde der Einzug der fürstlichen Braut mit achttägigen Festlichkeiten und unerhörtem Aufwand, mit Prunkturnieren und Mummereien und allegorischen Feuerwerken gefeiert. Magister Dietrich Graminäus hat über all die plumpe Grazie dieses Pomps einen dicken Folioband geschrieben und zu Köln Anno domini 1587 ans Licht ediert.

In Jakobe von Baden aber wurde die Mißhandlung, die sie erlitten, der Anstoß zu jener Charakterentwicklung, welche die Geschichte von tausend leidenschaftlichen, in ihren besten Gefühlen gekränkten Frauenherzen gewesen ist. Man hatte keine Rücksichten auf sie genommen; auch sie warf die Rücksichten ab. Früher war sie lebenslustig und leichten Sinnes gewesen, jetzt wurde sie leichtsinnig und ausschweifend.

Doch kann man, ohne ungerecht zu sein, nicht ihr die Schuld beimessen, daß ihre Ehe eine skandalöse, ganz heillose wurde; eine Menge Umstände wirkten dazu mit. Wie eine Ironie des Schicksals kam hinzu, daß diese Ehe unfruchtbar blieb. Der Herzog wurde immer wahnsinniger, er wurde seiner Umgebung zum Ziele des Mutwillens; bei Hofe herrschte die bitterste Not, Jakobe mußte zuweilen bei Bürgern kleine Anleihen von 3-10 Talern machen; die Pagen gingen in zerrissenen Hosen voll Ungeziefer einher — unterdes lebte der Hofmarschall Wilhelm von Waldenburg, genannt Schenkern, in fürstlichem Prunke, und Kanzler und Räte, die das Land regierten, schwelgten im Überfluß. Es war natürlich, daß Jakobe sich die Zügel der Herrschaft zu sichern suchte; sie strebte mit aller Macht danach, und es gelang ihr auch, eine gewisse Selbständigkeit inmitten der Parteien, der katholischen und protestantischen, zu behaupten, welche, wie nicht ausbleiben konnte, sich um den blödsinnigen Fürsten in die Haare gerieten. Sie kam jedenfalls äußerlich in eine bessere Lage und erhielt auch Einfluß auf die Landesverwesung; man hätte ihr sonst nicht den Vorwurf machen können, daß sie diese schlecht geführt, daß sie mit ihren Buhlen, einem Herrn von Ansterradt und einem von Hall, Gelage und allerlei anstößige Kurzweil angestellt habe, mit ihnen auf dem Lande in Lust- und adeligen Häusern umhergezogen sei, Komödianten angeworben und mit den verliederlichten Hofjunkern und Hoffräulein die Landeseinkünfte verschwelgt habe. Diese Liebeshändel, denen sich die Herzogin hingab, gefielen keiner jener sich reibenden Parteien. Ihr ärgerlicher Lebenswandel und ihr Ringen nach der Gewalt machte sie doppelt lästig; man fühlte vielleicht auch aufrichtig Mitleid mit dem wahnsinnigen Herzog, der Notdurft an Holz, Kleidung, Speise und Trank gelitten haben soll, der Wein bekam, den er ,,wegen Unreinigkeit zweimal durch ein Tuch seihen'' mußte, und der von Jakobe in empörender Weise gehänselt wurde. Deshalb wurde endlich der Versuch gemacht, die Fürstin, welche so gezwungen gekommen, wieder aus dem Lande fortzuschaffen. Man machte ihr Anträge zur Ehescheidung. Man stellte ihr frei, protestantisch zu werden und sich wieder zu vermählen. Aber Jakobe war weit entfernt von dem Gedanken, jetzt zu gehen und ihren Feinden das Schlachtfeld zu räumen.

Unter diesen Letzteren war die jüngste Schwester Johann Wilhelms, die Prinzessin Sibylle — eine Dame, welche, scheint es, alle Schwächen eines unliebenswürdigen Frauencharakters in sich vereinigte; es bedurfte deshalb nicht der mutwilligen Späße, welche Jakobe sich wider sie erlaubt hatte, um Haß und Rachsucht in dieser Schwägerin aufzustacheln. Sie ruhte nicht, bis sie sich durch ihre Späher und eigene unermüdliche Beobachtung der Herzogin Jakobe Beweise für deren ehebrecherische Verhältnisse, insbesondere mit ihrem Kämmerling Dietrich von Hall verschafft hatte. Das Ärgernis wuchs, als man im Jahre 1591 ein neugeborenes totes Kind beim Schlosse fand. Hall wurde ausgewiesen, Jakobe beabsichtigte nun, ihm nach Italien nachzureisen, und hatte bereits Auftrag gegeben, dort für sie nach verkäuflichen Gütern zu forschen. Aber man scheint jetzt schon den Plan, sie gewaltsam aus der Welt zu schaffen, gefaßt und festgehalten zu haben, um sich an ihr zu rächen. Der Hofmarschall Schenkern machte dem Leibarzt der Herzogin Versprechungen, wenn er sie durch Gift aus dem Wege räume. Als der Arzt dies mit Unwillen verwarf, ging man, vor Verrat besorgt, zu anderen Schritten über. Man veranlaßte die Herzogin, die Stände einzuberufen. Diese, vorher bearbeitet, verlangten des Herzogs Freilassung, und als Jakobe entgegnete, er sei zu blödsinnig dazu, begab sich die Ritterschaft mit Schenkern an der Spitze ins Schloß, untersuchte die Lage des mißhandelten Fürsten und versiegelte die Papiere der Herzogin. Man verhaftete ihre Umgebung, man behandelte sie wie eine Gefangene in ihrem mit Soldaten besetzten Schlosse, und Sibylle setzte Anklagepunkte wider sie auf, deren nicht weniger als 91 aus der Feder der unversöhnlichen Feindin flossen.

Der Kaiser sandte nun zur Untersuchung zwei Kommissare, während er die Regierung in den Händen der Kanzler, Räte und des ruchlosen Hofmarschalls ließ; lange Hin- und Herverhandlungen vor dieser Kommission und schriftliche vor dem Kaiser Rudolf II. selbst führten jedoch zu keinem Ziele; nur wurde Jakobe immer enger und strenger in Haft gehalten, man sperrte sie endlich in das Gemach, worin ihr rasender Gemahl drei Jahre lang gesteckt hatte, hinter eiserne Türen, und gab ihr sieben Schildwachen, welche stündlich abgelöst wurden. In Prag schien man entscheidende Schritte nicht politisch zu halten; vergebens warteten Jakobes Freunde, daß kaiserliche Majestät sich erkläre, die Ehetrennung durch den Papst erwirke und der Herzogin der Wegzug zu ihren Verwandten erlaubt werde. Bei diesem Stande der Dinge legte sich Jakobe am 2. Sept. 1597 abends gesund zu Bett und wurde am anderen Morgen tot gefunden — der verbreitetsten Annahme nach erdrosselt, vielleicht auch vergiftet! Eine genaue Untersuchung fand nicht statt; die Herren Räte der bergischen Regierung berichteten an den Kaiser unter dem 5. Sept. nur über der Herzogin „unversehenes, plötzliches Absterben". Nach der öffentlichen Stimme war der Hofmarschall Schenkern, Sibylles Buhle, der Mörder Jakobes.

Sie wurde am 10. Sept. still in ein Gewölbe unter der Kreuzkirche zu Düsseldorf beigesetzt, bis 1819 die preußische Regierung die Gebeine der unglücklichen Frau in die Fürstengruft der Lambertus-Stiftskirche übertragen ließ.

Der Herzog Johann Wilhelm fiel nach ihrem Tode noch in die Hände einer zweiten, nicht viel liebenswürdigeren Gattin, die man ihm antraute, der Prinzessin Antoinette von Lothringen, welche jedoch mit ihrer klugen egoistischen Entschlossenheit die Gewalt an sich brachte und die Macht der Parteien wie der Schwägerin Sibylle brach. Als der Herzog endlich 1609 zu seinen Vätern versammelt wurde, entstand der große jülich-kleve-bergische Erbfolgestreit um seine Besitzungen. Die Hauptprätendenten waren der Kurfürst Johann Sigismund von Brandenburg und Pfalzgraf Philipp von Pfalz-Neuburg, neben dem Hause Sachsen und anderen, die, wie die Grafen von der Mark oder Aremberg, Ansprüche auf einzelne Landesteile machten. Jene beiden ersten Erbnehmer einten sich zu friedlich gemeinsamer Besetzung und Verwaltung der erledigten Lande; im Jahre 1613 jedoch kam es bei einem Bankett zwischen den beiden Herren zu einem Wortwechsel, worin der Kurfürst von Brandenburg dem Pfalzgrafen die weltgeschichtlich gewordene Ohrfeige gab, die den Pfalzgrafen bewog, katholisch zu werden und zur kaiserlichen Partei überzutreten. Im Jahre 1624 verglich man sich sodann dahin, daß Brandenburg Kleve, die Mark und Ravensberg, Pfalz-Neuburg aber Jülich und Berg erhalten solle. Zwar störte der Dreißigjährige Krieg diesen Frieden vielfach, jedoch in einem endlichen Erbvergleich, den der Große Kurfürst Friedrich Wilhelm von Brandenburg 1666 mit dem Pfalzgrafen Philipp Wilhelm abschloß, kam man auf jene Grundlage des ersten Abkommens zurück. Der Streit entbrannte im vorigen Jahrhundert von neuem, da die Linie Pfalz-Neuburg in dem Kurfürsten Johann Wilhelm, dem Stifter der Düsseldorfer Galerie, 1742 ohne Nachkommen erlosch. Es war zur Zeit der Regierung Friedrichs des Großen; dieser verzichtete jedoch darauf, Brandenburgs Ansprüche auf Jülich und Berg durchzusetzen, weil er die Augen auf das viel wichtigere Schlesien geworfen hatte und für rätlich halten mochte, nicht zu viel zu gleicher Zeit erreichen zu wollen. So ließ er Jülich und Berg, auf welches Brandenburg unstreitig die begründetsten Rechte hatte, sich entgehen und nahm Schlesien, auf welches er keine Rechte hatte. Pfalzgraf Karl Theodor von Pfalz-Sulzbach erhielt nun die Belehnung, jener Kurfürst Karl Theodor, der später die gesamten Lande des wittelsbachischen und pfälzischen Hauses vereinigte und seine Residenz von Düsseldorf nach Mannheim, dann nach München verlegte. Das Herzogtum Berg blieb nun bei Bayern, ward 1803 vom König Maximilian Joseph von Bayern an den Herzog Wilhelm aus dem Hause Pfalz-Birkenfeld-Gelnhausen übertragen; diesem nahm es im Februar 1806 der Kaiser der Franzosen, um es an demselben Tage an Joachim Murat abzutreten, welcher sein „Großherzogtum Berg" mit bedeutenden Stücken Westfalens abrundete, so daß es bis zu 315 Quadratmeilen anwuchs; als er später das Königreich Neapel erhielt, trat Murat Berg wieder an Napoleon ab, der es dem ältesten Bruder des jetztregierenden Kaisers der Franzosen schenkte. Bevor dieser neue Landesherr jedoch großjährig wurde, endete Berg den Walzertanz seines Herrscherwechsels durch die Bestimmung des Wiener Kongresses, der es 1814 Preußen einverleibte.

Die Zustände der Akademie in Düsseldorf fand Preußen in traurigster Zerrüttung vor. Der pfälzische Kurfürst Johann Wilhelm hatte im Jahre 1690 die Galerie angelegt, für welche 1710 das noch jetzt zu ihrer Aufbewahrung dienende Gebäude errichtet wurde, das auch die akademischen Hörsäle und die Bibliothek umfaßt; Karl Theodor hatte dann 1767, unter Beirat des Historienmalers Lambert Krahe, die Akademie gestiftet, für welche Winckelmann aus Rom die wichtigsten Gipsabgüsse sandte. Krahe und nach ihm Langer leiteten mit

Eifer und Erfolg die Anstalt. Als aber Düsseldorf von Bayern aus regiert wurde und 1805 eine Besetzung der bergischen Lande durch die Franzosen drohte, ließ König Maximilian Joseph die ganze Galerie, 358 Bilder — in Beziehung auf die niederländische Schule eine der bedeutendsten Sammlungen der Welt —, darunter 46 Rubens, nach München schaffen, um sie vor der Wegnahme zu schützen. Im Jahre darauf wird jedoch auch Langer nach München berufen und die Düsseldorfer Galerie für immer mit der Münchener verschmolzen. Nur die sehr bedeutende Sammlung von Handzeichnungen und Kupferstichen blieb zurück. Die Anstalt zerfiel dann vollständig, und zur Zeit Joachim Murats erteilten nur noch drei Lehrer Unterricht, ohne mehr als drei Schüler zu haben. Eine neue Ära trat nun mit der preußischen Herrschaft ein, namentlich im Jahre 1819, als die Regierung Peter Cornelius aus Rom nach Düsseldorf zur Wiederbelebung der Anstalt berief. Die Kosten der neuen Einrichtung bestritt der Staat. (Für die Unterhaltung dienen ältere bergische Fonds.) Cornelius kam 1821. Um ihn gruppierten sich seine Schüler Kaulbach, Götzenberger, Stilke, Stürmer, Hermann, Ernst Förster. Im Jahre 1824 wurde Cornelius nach München berufen und seinem Wirkungskreise in Düsseldorf entzogen. Seine namhaftesten Schüler folgten ihm; dafür aber brachte der neue Direktor, Wilhelm Schadow, der von Berlin hierherversetzt wurde, wieder mehrere seiner bedeutendsten Schüler mit: Lessing, Julius Hübner, Theodor Hildebrandt, Sohn. Schadow, ein mehr kritischer, bewußter als genial produzierender Kopf, zeigte sich seiner Aufgabe, den obersten Leiter einer solchen Kunstanstalt zu machen, durchaus gewachsen, und diese Anerkennung wird ihm für immer gesichert bleiben, wenn man ihm auch einen Hauptteil der Schuld beimessen könnte, daß die Schule im allgemeinen nicht die Kraft sinnlicher Gestaltung und Individualisierung erreicht habe wie z.B. die Münchener, daß sie an einer lyrischen Subjektivität leide. — Während Schadows Leitung der Akademie wurde die ihr gebliebene kostbare Sammlung von 14.300 Handzeichnungen und 23.500 Kupferstichen vermehrt durch die mehr als 300 Blätter zählende, für das Studium der christlichen Kunstgeschichte so wichtige Sammlung von Zeichnungen des Malers Ramboux aus Turin, Aquarellkopien nach Denkmalen und Musterwerken italienischer Malerei vom 4. Jahrhundert bis auf Michelangelo.

Über den Geist, die Tendenz und die Leistungen der Düsseldorfer Schule hat unsere Kunstkritik aufs erschöpfendste sich geäußert.*) Über eine frühere Epoche schrieb Immermann die schlagenden Worte: ,,Bei den Düsseldorfern vermißt man die geniale Sicherheit des à plomb der alten Meister, die überzeugende Kraft und Notwendigkeit der Gestalten; es sind Versuche, schwankend zwischen der Kühnheit des Individuums, immer nur sich und sein Personelles auszudrücken, und der Scheu, Fehler zu begehen. Diese Furcht vor gemalten kühnen dummen Streichen war immer ein charakteristischer Zug ihrer Schule. Weichlichkeit, stereotyper Schmerz und Brüten — diese sentimental-romantische Stimmung lag in der Zeit; die Poesie ging voran. Das Weiche, Ferne, musikalisch Kontemplative, Subjektive waltet vor anstatt des Starken, Nahen, Plastischen, Handelnden. Es sieht übrigens aus dieser Zeit abermals ein Zopf heraus, nur ein vornehmerer, und poetischer zusammengeflochten als der alte puderige. Es fehlt die letzte Weihe, die naive Ursprünglichkeit, welche die Haare entweder frei wallen läßt oder kurz abschneidet. Die eigene, selbständig gefundene Farbe fehlt den Düsseldorfern u.s.w.''

---

*) Vergl. das ausführliche Werk Wolfgang Müllers über die Düsseldorfer Künstler

Seit diese Worte geschrieben wurden, hat jedoch die Schule längst ihre lyrische Jugendzeit überwunden, sie ist männlich erstarkt, und dazu hat die oppositionelle Reibung, welche einer innerlichen Entzweiung folgte, viel beigetragen; die mehr realistische Richtung ist mit der idealistisch verschwommenen, christianisierenden, in einen Prinzipienkampf geraten und zwar sicherlich zu ihrem Heile!

Aus dem Bahnhofe von Düsseldorf bewegt sich der Zug in derselben Richtung zurück, in welcher er gekommen; bald indessen wird der Reisende überzeugt, daß dieser rückwärts gewendete Fortschritt hierzulande nichts Bedenkliches hat; die Lokomotive greift mit erneuten Kräften nur desto frischer aus, um die nächste Station Benrath zu erreichen, in deren Nähe das ehemalige kurfürstlich pfälzische, jetzt königliche Lustschloß mit seinen weißen Mauern und Orangeriehäusern sichtbar wird. Die Stationen Opladen, in deren Nähe die Bahn den Wupperfluß kreuzt, und Langenfeld folgen; links auf der bewaldeten, sanft anschwellenden Höhe zeigt sich das weithin sichtbare Bensberg mit seinem 1705 von den bergischen Herzogen erbauten großen Jagdschlosse, in welchem Goethe einst durch die Wandverzierungen von Weenix „über die Maßen entzückt ward", wie er im vierzehnten Buch von „Dichtung und Wahrheit" erzählt, und das jetzt königliche Kadettenanstalt ist. Rechts wird der Rheinspiegel sichtbar, über ihm erhebt sich in voller Glorie am westlichen Abendhimmel der Riesenbau der Kölner Kathedrale. Nur noch eine Station, Mühlheim am Rhein, hält einige Minuten lang den auf das Ziel gespannten Reisenden auf, dann nimmt das Dampfroß mit keuchendem Atemholen den letzten Anlauf und schleudert ihn in wenig Augenblicken schnaubend in den Bahnhof von Deutz.

Schluß

Und während hier die Reihe der Waggons sich leert, bleibt uns nichts übrig als unseren Reisegefährten ein herzliches Vale! zuzurufen, auch auf die Gefahr hin, daß es unbeachtet verhallt im hastigen Durcheinander und Getümmel der sich drängenden, hinüber nach Köln eilenden Menschenflut.

Inge Meidinger-Geise

Nachwort

Die Neuausgabe von Levin Schückings Eisenbahnfahrt-Studie kann man fast eine Jubiläumspublikation im nachhinein nennen: Brockhaus brachte dieses Buch 1856 heraus. Ebenso aber darf man begrüßen, daß nach dem hundertsten Todesjahre des Autors, der 1883 in Bad Pyrmont 'in den Armen seines jüngsten Sohnes, der dort Arzt war' starb (Johannes Hagemann, 'Levin Schücking', 1959), eine reizvolle Dokumentation seiner Arbeitsweise, seines Stils wieder an diesen Westfalen erinnert, der bei all seiner Produktivität, wenn heute überhaupt noch außerhalb seiner Region, in Verknüpfung mit der berechtigt zu höherem Ruhme gelangten Annette von Droste-Hülshoff (1797 - 1848) genannt wird. Ihr begegnete der Gymnasiast; den siebzehn Jahre Jüngeren erkannte in seiner schriftstellerischen Begabung, als der junge Jurist sich ganz dem Schreiben widmen wollte, so kritisch wie wohlwollend die Dichterin, deren bedeutende Kunst wiederum Schücking lebenslang förderte durch Herausgaben und eine erste, noch heute wichtige Biographie, die er 1862 schrieb. Höhepunkt der Begegnung beider war der Winter 1841/42 auf der Meersburg, wo Schücking die Bibliothek vom Freiherrn von Laßberg, Schwager der Droste, ordnete. Danach folgen für Levin Schükking Jahre voll journalistischer Arbeit, zuletzt 1846 - 1852 bei der 'Kölnischen Zeitung'. Seit 1843 erscheinen umfangreiche Romane, Novellen, auch Dramatisches. Es ist dies auch das Jahr der Heirat mit Luise von Gall, deren schriftstellerisches Talent seine Arbeit stützte, zumal sich die bereits 1848 sterbende Annette von Droste-Hülshoff - ein Kapitel schmerzlicher Konflikte - ohne äußeren Bruch zurückzog. Zur Ruhe kommt der unermüdliche Schriftsteller im ihn stets bedrängenden ''Brotberuf'' nicht. Achtungserfolge, würde man heute sagen, ermöglichen ihm allerdings ab 1852 ein Leben, das sich in Sassenberg bei Warendorf, einem wiedererworbenen Familiengut, etwas freier der musischen Arbeit widmen kann. Jedoch stirbt bereits 1855 Schückings Frau, und er muß sehen, wie er seine vier Kinder durchbringt. Sein Fleiß hält seiner vielfältigen Begabung bis zum Tode die Waage. Man hat ihn den 'Walter Scott' Westfalens genannt wegen der historischen, gesellschaftserfahrenen Großromane (u.a. 'Die Ritterbürtigen', 1846; 'Der Bauernfürst', 1851) und seiner fabulierkräftigen Porträtkunst jeweiligen Milieus. Im Grunde aber blieb diesem Besessenen, bei dem man den 'Gelehrten nicht vom Literaten trennen kann' (Hagemann a.a.O.), der große Durchbruch versagt.

Die vorliegende Arbeit ist eine aktuell gebliebene Kostprobe von Levin Schückings gewandter, engagierter Schreibkunst,. Man muß sie in den Bereich der recht umfangreichen - oft aus Existenzgründen getätigten - journalistischen Werke einordnen. In diesen nach den Reisestationen von Minden bis Köln quer durch Westfalen angelegten Kapiteln kann der Leser Schückings Schilderungstalent und seine immer aus dem Regionalen ins Allgemeine weisenden Aspekte erkennen. Präzise Anschaulichkeit wird vertieft durch historische Kenntnisse und Detailfreudigkeit; der Jurist gibt das Seine hinzu; die Lust an Sagen und ereignisreichen Überlieferungen aus der Geschichte des alten Westfalens formt manche Passagen zu kleinen Novellen, zu dramatischen Szenerien, läßt den Atem des Romanciers Schücking spüren. Spuren im Umfeld der Wittekindgeschichten, der Entwicklung der Feme, lassen Brükken entstehen zu Schückings Werk vom 'Malerischen und Romantischen Westfalen' (1842) und lassen ahnen, wie unverbrüchlich die geistige Bindung an die immer verehrte Annette von Droste-Hülshoff blieb. Auch zeigt sich bei dieser durchgeistigt-wachen 'Eisenbahnfahrt', mit welchem hoffenden und auch kritischen Bewußtsein Levin Schücking den Umbruch des westfälischen Bauernlandes hin zum Industriezeitalter beobachtete. Hier wird man an die 'Ravensberger Trilogie' der Margarete Windthorst (1884-1958) erinnert, wenn es heißt, der 'Westfale wird sich ohne Schwindel und Leichtsinn auch dem Fortschritt widmen'! Die miserabelsten Reisewege, deren sich Westfalen leider rühmen mußte, beginnen nun, in diesem ersten Dezennium seit der Eröffnung der Eisenbahnstrecke, sich zu wandeln durch die elegante 'glatte Metallbahn', deren Aufschwung Levin Schücking preist, zugleich voller Erinnerungen an die lebenspralle, ländliche Vergangenheit seiner Heimat. So ist diese Fahrt-Studie ein Stück Kulturgeschichte aus der Feder eines reich talentiert zum Schreiben, zum Summieren seines Wissens und Schauens Berufenen.